FAZER AMIGOS NA ERA DA SOLIDÃO

Adam Smiley Poswolsky

FAZER AMIGOS NA ERA DA SOLIDÃO

*Um guia otimista para fazer
e manter conexões reais*

TRADUÇÃO: AUGUSTO IRIARTE

Diretor-presidente:
Jorge Yunes
Gerente editorial:
Luiza del Monaco
Editor:
Ricardo Lelis
Assistente editorial:
Júlia Tourinho
Suporte editorial:
Juliana Bojczuk
Preparação de texto:
Tulio Kawata
Revisão:
Sandra Kato
Coordenadora de arte:
Juliana Ida
Designer:
Valquíria Palma
Assistentes de arte:
Daniel Mascelani, Vitor Castrillo
Diagramação:
Nobuca Rachi
Gerente de marketing:
Carolina Della Nina
Analista de marketing:
Michelle Henriques
Assistente de marketing:
Heila Lima

Título original: *Friendship in the Age of Loneliness*

© 2021 by Adam Smiley Poswolsky

© Companhia Editora Nacional, 2021

Todos os direitos reservados. Nenhuma parte desta obra pode ser reproduzida ou transmitida por qualquer forma ou meio eletrônico, inclusive fotocópia, gravação ou sistema de armazenagem e recuperação de informação sem o prévio e expresso consentimento da editora.

1ª edição – São Paulo

DADOS INTERNACIONAIS DE CATALOGAÇÃO NA PUBLICAÇÃO (CIP) DE ACORDO COM ISBD

P858c   Poswolsky, Adam Smiley

　　　Fazer amigos na era da solidão: um guia otimista para criar e manter conexões reais / Adam Smiley Poswolsky ; traduzido por Augusto Iriarte. – São Paulo : Editora Nacional, 2021.

　　　Tradução de: *Friendship in the Age of Loneliness*
　　　ISBN: 978-65-5881-041-4

　　　1. Autoajuda. 2. Amizades. 3. Solidão. I. Iriarte, Augusto. II. Título.

2021-2492   CDD 158.1
　　　　　　　　　　　　　　　　　　　　　　　　　　　　　　　　　　　CDU 159.947

Elaborado por Vagner Rodolfo da Silva - CRB-8/9410

Índice para catálogo sistemático:
1. Autoajuda 158.1
2. Autoajuda 159.947

NACIONAL

Rua Gomes de Carvalho, 1306 – 11º andar – Vila Olímpia
São Paulo – SP – 04547-005 – Brasil – Tel.: (11) 2799-7799
editoranacional.com.br – atendimento@grupoibep.com.br

Para todos aqueles que já perderam um amigo ou sentiram que não tinham ninguém com quem contar.

Para Levi. Sinto a sua falta. Nós sentimos a sua falta.

O planeta Terra sente a sua falta.

Sumário

Prefácio: O poder da amizade durante uma pandemia	11
Introdução: O revolucionário gesto de conectar-se em plena era digital	17

Parte 1
SEJA MAIS LÚDICO 29

Desenhe um mapa das amizades	31
Substitua o tempo de tela por tempo com os amigos	34
Questione o que é ser adulto	38
Experimente coisas novas	43
Seja um Xerife do Bem-Estar	49
Encontre aquilo que o complete	51
Dê mais abraços, abraços mais demorados	54
Entre em seu corpo	58
Leve uma dádiva aonde quer que vá	61
Abra as portas de seu mundo	64

Parte 2
SEJA UM AMIGO MELHOR 69

Antes de tudo, pertença a si mesmo 71

Pense na saúde mental 74

Livre-se das segundas intenções 78

Exponha-se de peito aberto 80

Faça um teste de largura de emoção 84

Encha a bola 85

Encontre um closet da confiança
no local de trabalho 88

Saiba dizer não 90

Seja menos vago 91

Parte 3
INVISTA NA AMIZADE 95

Comece devagar 97

Sempre marque um segundo encontro 99

Aprofundar, em vez de multiplicar relações 102

Valorize o encontro a dois 105

Saiba quem faz parte de seu círculo 108

Tenha menos amigos de Facebook 112

Pague a conta 115

Não pergunte: vá lá e ajude 117

Permute seus talentos 119

Passe o microfone adiante 123

Conserte o que está quebrado 125

Viva na cara da morte 129

Parte 4
MANTENHA CONTATO 135

Seja uma diva da correspondência 137

Envie uma declaração de amor em forma de vídeo 140

Marque as amizades no calendário 142

Volte com a mala cheia de bons hábitos 144

Tenha um baú de tesouros das amizades 147

Pegue o telefone e ligue 151

Escute um CD de cabo a rabo 154

Insira a amizade em seu manifesto da família 156

Desenvolva um relacionamento mais saudável
com as redes sociais 159

Transforme em realidade a conexão virtual 163

Faça da tecnologia uma cura 169

Parte 5
RITUALIZE 173

Troque o rolamento do mouse pelo agradecimento 175

Crie uma rotina única 177

Nade em um tanque de criatividade 180

Organize uma mostra de amigos 183

Não saia para beber 185

Ofereça-se de corpo e alma aos amigos 187

Tome chá com desconhecidos
(e tome chá sozinho também) 191

Celebre o sabá 195

Seja um homem sentimental com outros homens 198

Celebre as outras mulheres 203

Crie um clube dominical	207
Crie uma *playlist* para celebrar os amigos	210
Planeje uma despedida de solteiro (ou de solteira) que seja cheia de significado	212
Pense como um CXO	214

Parte 6
SEJA UM SECRETÁRIO DE COMBATE À SOLIDÃO 221

Seja um agente da conexão humana	223
Passe mais tempo com os mais velhos (e sábios)	226
Faça amizades intergeracionais	228
Crie um sistema de apoio para papais e mamães	233
Crie espaços seguros e solidários	238
Seja ponte	243
Forme uma coletividade exponencial	247
Viva em comunidade	250
Abra-se para a luz	254

Posfácio: Cabe a você escolher o tipo de amigo que deseja ser	259
Espalhe o amor	265
Agradecimentos	267
Referências	273
Sobre o autor	285

PREFÁCIO

O PODER DA AMIZADE
DURANTE UMA PANDEMIA

Em tempos de provação, são as amizades que nos fazem resistir. Enquanto eu escrevia este livro, o coronavírus se alastrava pelo mundo, matando centenas de milhares de pessoas, impedindo outros milhões de trabalhar, alterando para sempre nossas formas de encontro. De repente, atividades triviais como almoçar com um amigo, visitar um parente, frequentar a academia ou mesmo cumprimentar alguém com um aperto de mão se tornaram proibidas.

Porém, se, por um lado, a pandemia ameaçou agravar nossa solidão, por outro, abriu uma janela para as possibilidades que surgem quando, coletivamente, exercemos nossa humanidade. Coletamos dinheiro para comprar equipamentos de proteção individual para enfermeiros e médicos; costuramos máscaras para amigos e familiares; preparamos comida para trabalhadores dos serviços essenciais; fizemos vaquinha para impedir que nossos restaurantes, livrarias de bairro e casas de show mais queridos não fechassem definitivamente; oferecemo-nos para fazer compras para os mais velhos. Em Nova York, três funcionários de restaurante criaram uma coalizão de trabalhadores do setor de serviços

FAZER AMIGOS NA ERA DA SOLIDÃO

que angariou mais de 80 mil dólares para ajudar colegas doentes ou em quarentena. Os Covid-Cuidadores de Minnesota, cujo lema é "Cuidamos de sua família enquanto você cuida da nossa", proporcionaram o contato entre centenas de voluntários e funcionários de hospital (incluindo zeladores, cozinheiros e demais trabalhadores essenciais) que precisassem de ajuda no cuidado com os filhos, com os animais de estimação ou com tarefas cotidianas. Pontualmente às sete da noite, bairros inteiros eram tomados pelo rumor de ovação para homenagear, celebrar e agradecer às equipes hospitalares e aos demais trabalhadores nas trincheiras.

Com as determinações de distanciamento social, tivemos de usar a criatividade para curtir juntos. Vídeos gravados na Itália inspiraram corais nas varandas. Os estudantes de Música da Faculdade Berklee, quarentenados, fizeram uma apresentação virtual de "What the World Needs Now Is Love", que já conta com mais de 2 milhões de visualizações no YouTube.

Em Bernal Heights, onde vive minha companheira, e onde passei a maior parte da quarentena, foi produzido um jornal infantil, estantes foram alinhadas nas calçadas para servir de bancos de alimentos, garagens foram transformadas em centros de distribuição de medicamentos. Houve bailes de dança socialmente distante, engenhosas caças ao tesouro para os pequenos, uma padaria intermitente, drinques na escadaria de entrada dos prédios.

Em seu aniversário, meu amigo Seth foi pego de surpresa quando dez de nós aparecemos na frente de sua casa, em Oakland, e, com a foto de seu rosto sobre a máscara, dançamos "Macarena" separados por dois metros de distância. Cada um gravou um vídeo de parabéns, que, graças às habilidades de edição de Zev, irmão de Seth, se transformou num compilado de 45 minutos de duração, com direito a trilha sonora e vídeos caseiros da infância dos dois.

Para comemorar o aniversário de 3 anos de seu filhinho, um casal de amigos convocou os conhecidos para uma carreata em frente à sua casa – até os bombeiros locais apareceram para celebrar com sirenes e buzinas.

"O isolamento forçado tornou muito claro o quanto somos importantes uns para os outros, o quanto precisamos uns dos outros", disse Kat Vellos, especialista no tema amizade e autora de *We Should Get Together*. "As pessoas estão se colocando à disposição das outras de um jeito que não teriam feito espontaneamente se estivessem vivendo a vida acelerada de sempre. Abertura, generosidade, desaceleração, valorização do outro, valorização da vida, são essas coisas que estão dando as caras."

Amigos se dispuseram a trocar aulas gratuitas de artes, de culinária, de gestão de carreira. Algumas pessoas passaram a ler poemas e contos pelo FaceTime antes de dormir. Outras, a fazer exercícios para estimular a criatividade toda manhã, preenchendo seus diários juntas por videochamada. Outras ainda organizaram "exposições de artefatos", em que um grupo de amigos se reunia pelo Zoom para contar sobre algum item do lugar em que estavam passando a quarentena. Houve happy hours pelo Zoom, apresentações musicais no Facebook Live, DJs que, impedidos de tocar no Coachella, tocaram ao vivo no Instagram, bailes no Twitch, festivais de Netflix, grupos de WhatsApp para trocar receitas, trocas de mensagens de vídeo engraçadinhas no Marco Polo, jantares em que amigos combinavam de pedir os mesmos pratos do restaurante preferido e comiam "juntos" por vídeo.

Antes da covid, eu e meus amigos da faculdade nos encontrávamos de dois em dois anos mais ou menos, quase sempre numa despedida de solteiro ou num casamento. No

FAZER AMIGOS NA ERA DA SOLIDÃO

entanto, já na primeira semana de isolamento, passamos a fazer uma videochamada toda quarta-feira para ter notícias e dar apoio a Gabe, que trabalha no pronto-socorro de dois hospitais em Nova York; nossos encontros semanais ocorreram infalivelmente por três meses seguidos. Em minha família, o telefonema protocolar de domingo deu lugar ao FaceTime quatro vezes por semana, para que eu visse meus pais, minha irmã e meu sobrinho de 9 meses, a quase 5 mil quilômetros de distância.

Na Festa da Libertação judaica, minha companheira e eu comparecemos ao Sêder em três casas diferentes – a da minha família em Boston, a da família do pai dela na Flórida e a da família de sua mãe em Nova York –, tudo isso sem sair de nosso sofá em São Francisco. Fui tomado de alegria ao imaginar famílias judias ao redor do mundo resmungando sem parar enquanto tentavam configurar a celebração pelo Zoom: "Está dando para ver meu *Hagadá?*" ou "É só clicar no modo galeria!".

A pandemia evidenciou o poder da amizade para nos fazer resistir a todas as intempéries da vida. Somos provas vivas de que a interação humana é essencial para a saúde, para o bem-estar. Durante a quarentena, escutei de muitas pessoas o seguinte: "Estou vendo a cara dos meus amigos mais do que via antes. A gente precisa se encontrar mais vezes quando a vida fora do Zoom for retomada".

Foi revigorante perceber a tecnologia sendo intencionalmente utilizada em favor de um de seus propósitos originais mais nobres: incitar a conexão humana e promover o senso de pertencimento. Sherry Turkle, professora do departamento de Estudos Sociais e Tecnologia no Massachusetts Institute of Technology, escreveu em *Politico*: "Esta nova vida na tela é diferente daquela em que a pessoa se alheia num jogo de video game ou na caracterização de um avatar. Trata-se agora da inauguração de um meio carregado de generosidade e de empatia. Trata-se de voltar-se para dentro de si e indagar: 'O que eu posso oferecer que seja autêntico? Eu tenho uma vida, uma história. O que as pessoas estão precisando?'. Se, nos tempos que se seguirão, nós introduzirmos nos dispositivos os melhores instintos humanos, a pandemia de covid-19 terá legado algo grandioso. Deixaremos de estar a sós mesmo que juntos e passaremos a estar juntos mesmo que a sós".

Contrariando a pressuposição de que a pandemia agravaria nossa solidão, um abrangente estudo publicado no periódico *American Psychologist* mostrou que, entre os estadunidenses, os protocolos de distanciamento social e o isolamento compulsório não provocaram um aumento da sensação de solidão; de fato, o fator que saltou aos olhos dos cientistas nessa pesquisa de abrangência nacional foi a resiliência, e não a solidão. "Diferente do que se temia, observamos que o sentimento de solidão não aumentou", afirmou Martina Luchetti, professora assistente na Faculdade de Medicina da Florida State University e principal autora do estudo. "Na verdade, as pessoas estavam se sentindo mais amparadas do que antes da pandemia. É possível que, apesar do isolamento físico, a sensação de estar amparado socialmente, de ser vítima da mesma situação, tenha limitado o agravamento da solidão."

As consequências da covid-19 sem dúvida incluirão incalculáveis perdas em vidas humanas, o estrangulamento do sistema público de saúde, dificuldades econômicas generalizadas, assim como um despertar para as desigualdades estruturais da sociedade; entretanto, é minha esperança que este tempo também servirá de lembrete daquilo que realmente importa: a interconectividade entre nós. Do fato de que não podemos nos dar ao luxo de não reconhecer o verdadeiro valor das pessoas, do planeta. Do fato de que nossa existência não é inextinguível. Do fato de que não sobreviveremos se não cuidarmos uns dos outros.

Tenho a esperança de que passaremos a nos relacionar com a vida não mais com uma postura do tipo "Afe, eu *preciso* ir para o trabalho/a escola/a festa de um amigo", e sim do tipo "Cara, eu *posso* ir para o trabalho/a escola/a festa de um amigo!". De que passaremos a celebrar a humanidade que compartilhamos e a dar o devido valor à liberdade – ao mesmo tempo singela e profunda – de nos reunir em público, de assistir a shows, de comer num restaurante, de visitar a família, de abraçar um velho amigo, de passar horas com pessoas amadas, perfeitamente conscientes da sorte que temos por viver juntos.

INTRODUÇÃO

O REVOLUCIONÁRIO GESTO DE CONECTAR-SE EM PLENA ERA DIGITAL

Não faz muito tempo, passei por um período de solidão e tristeza – o que talvez seja chocante para alguns, dado o significado do meu apelido (Smiley pode ser traduzido por sorridente) e o fato de que tenho 4.867 amigos no Facebook. Meu perfil nas mídias sociais é o retrato de um autor bem-sucedido que passa a vida viajando o mundo com a missão de ajudar as pessoas a descobrir seu propósito. Antes mesmo de perguntarem como estou, os conhecidos com quem trombo por aí me dizem: "Smiley, você está arrasando! Zerou a vida!".

Meu desejo é dizer que me sinto solitário. Que estou sempre me comparando com os outros. Que estou exausto das viagens. Que sinto saudades dos meus amigos de verdade. Que a vida on-line faz parecer uma coisa, mas que a realidade é bem diferente. Que constantemente me sinto triste, sobrecarregado, esgotado, estressado, sozinho.

Então pensei: "Se estou me sentindo assim, é provável que outros também estejam".

Quanto mais eu conversava com as pessoas do meu círculo, mais claro ficava para mim que elas sofriam com as mesmas questões. Aliás, aquelas que eram as mais "populares", "conectadas" ou "bem-sucedidas" em sua existência on-line e em sua "marca", eram também as mais solitárias, incapazes de identificar os verdadeiros amigos. As entrevistas que fiz com centenas de *millennials* sobre o tema da amizade me revelaram uma relação direta entre o número de seguidores no Facebook ou no Instagram e a *ausência* de relações profundas na vida real.

Ouvi muitas frases do tipo: "Passo muito tempo interagindo com pessoas on-line, mas sinto que não tenho a quem recorrer nos momentos difíceis"; "Minha vida de verdade é bem menos maravilhosa do que minha vida no Instagram"; "Participo de muitos eventos, de muitos círculos diferentes, porém sinto que não conheço realmente nenhuma das outras pessoas. Sempre que nos encontramos, é em grupo, nunca num contexto de intimidade. E, quando tento marcar algo só com a pessoa, ela ou diz que está muito ocupada ou desmarca na última hora"; "Estou cansado de conhecer pessoas novas; quero me aproximar dos amigos que já tenho"; "Nem lembro a última vez que passei um dia inteiro só relaxando com um amigo".

Notei que havia algo aí: as pessoas estavam fingindo uma felicidade on-line (vai se f*der, rede social!), mas, pior do que isso, tinham desaprendido a se fazer presentes para os amigos de verdade – que talvez fossem a causa primeira de sua alegria.

Essa percepção é corroborada por dezenas de estudos que concluíram que os adultos estão se sentindo mais solitários do que nunca, com menos relações de amizade no trabalho ou fora dele. O relatório *State of Friendship in America*, publicado em 2013 pela organização Lifeboat, mostrou que, em média, o adulto estadunidense tem apenas um amigo de fato e que três quartos dos norte-americanos estão insatisfeitos com suas amizades. Em 2019, a Evite relatou que o estadunidense médio não faz uma nova amizade há cinco anos.

Ao mesmo tempo que trocamos mensagens por horas com nossos "amigos", não sabemos a quem recorrer quando precisamos desabafar. A mesma Lifeboat descobriu que 1 a cada 4 cidadãos norte-americanos considera não ter alguém (incluindo familiares) com quem possa travar conversas íntimas; à BBC, 200 mil pessoas afirmaram que fazia mais de um mês que não conversavam com um parente próximo.

Em pesquisa da BBC realizada em 2018 com 55 mil pessoas – o mais abrangente estudo sobre solidão –, 40% dos entrevistados com 16 a 24 anos disseram se sentir solitários com *frequência* ou com *muita frequência*. E o problema só se agrava: segundo estudo de 2019 com 10 mil adultos estadunidenses realizado pela Cigna, 3 a cada 5 deles (61%) afirmaram sentir solidão, ante 54% na pesquisa de 2018; além disso, esse sentimento é mais disseminado entre as gerações jovens: quase 80% dos membros da geração Z e quase 70% dos *millennials* se consideram solitários.

Ao passo que as amizades esmorecem, as mídias sociais florescem, especialmente entre os mais novos: de acordo com o Pew Research Center, 90% dos adultos entre 18 e 29 anos usam as redes sociais com regularidade, enquanto 45% dos adolescentes de 13 a 17 anos acessam a internet "quase constantemente". O TikTok, aplicativo mais baixado em 2020, tem mais de 800 milhões de usuários ativos mensalmente, dos quais 70% têm menos de 24 anos e 30%, de 13 a 17 anos. O vício em redes sociais é um tema cuja discussão é premente, considerando-se os estudos que estabelecem uma ligação entre as crescentes taxas de problemas de saúde mental entre adolescentes, inclusive depressão e suicídio, e o crescente uso de smartphones e mídias sociais. Segundo a agência federal de controle e prevenção de doenças dos

FAZER AMIGOS NA ERA DA SOLIDÃO

Estados Unidos, a taxa de suicídio entre jovens de 10 a 24 anos cresceu 56% de 2007 a 2017; já entre crianças e adolescentes de 10 a 14, ela triplicou.

Jane Brody, colunista do *New York Times*, adverte que é possível se isolar socialmente e não se sentir solitário, da mesma forma que é possível se sentir solitário mesmo tendo incontáveis ligações sociais, principalmente se os relacionamentos não forem emocionalmente gratificantes. Em outras palavras, isolamento social e solidão são coisas diferentes. De acordo com os psicólogos Julianne Holt-Lunstad e Timothy B. Smith, "O isolamento social indica a existência de poucas conexões ou interações, enquanto a solidão está relacionada à percepção subjetiva do isolamento, a uma discrepância entre o grau de conexão que o indivíduo deseja estabelecer e o grau de conexão que ele estabelece de fato".

Todas as curas possíveis para as cumulativas pressões da vida moderna já foram prescritas: deletar o perfil nas redes sociais, baixar um aplicativo de meditação, se desfazer dos itens de casa que não trazem alegria, desenvolver uma atenção à prova de balas, ligar o f*da-se, enf*derar-se, escrever um diário, seguir uma dieta páleo, seguir uma dieta keto, comprar uma Peloton, praticar CrossFit, fazer absolutamente nada – a lista é infinita.

E nunca nos ocorre o poder do simples ato de passar mais tempo com os amigos. Dedilhamos o celular 2.600 vezes por dia, olhamos para a tela a cada 12 minutos, passamos 50 minutos por dia no Facebook e no Instagram, enquanto passamos apenas 4% (eu disse qua-tro-por-cen-to) do tempo na companhia de nossos amigos.

Como bem demonstrou a pesquisa sobre depressão feita pelo jornalista Johann Hari, falamos muito menos do que o necessário sobre recuperação social. "Quando passar por uma crise, você vai notar uma coisa: não serão seus seguidores do Twitter que vão oferecer um ombro amigo", diz Johann em seu TED Talk, exibido mais de 17 milhões de vezes. "Não serão seus amigos de Facebook que vão te ajudar a dar a volta por cima. Vão ser os amigos de carne e osso, aqueles com quem você tem uma relação concreta, uma relação profunda, complexa, intrincada." As centenas de entrevistas que fiz com jovens na casa dos 20 ou 30 anos sobre o tema me ensinaram que o caminho para uma vida feliz é fazer novos amigos e estreitar os laços com os antigos. A ciência concorda. Em seu detalhado estudo sobre a evolução e a biologia da amizade, a jornalista científica Lydia Denworth revela que as conexões sociais exercem uma função vital para a saúde humana, na medida em que influenciam desde o sistema cardiovascular até o sistema imunológico. As pessoas que têm amigos íntimos são mais felizes, mais saudáveis e vivem mais tempo do que aquelas sem fortes laços sociais.

Em uma das pesquisas mais longas já desenvolvidas sobre a felicidade entre adultos, cientistas da Harvard concluíram que estabelecer relações positivas é a chave para uma vida mais longa e saudável. O estudo longitudinal analisou a saúde de segundanistas da universidade desde 1938, ainda no contexto da Grande Depressão. "Ao analisar todos os dados que tínhamos desses indivíduos até seus 50 anos, notamos que não era o nível de colesterol na meia-idade o que prenunciava a qualidade de sua velhice", diz em seu TED Talk Robert Waldinger, professor de Psiquiatria na Faculdade de Medicina de Harvard e líder do estudo, "mas sim sua satisfação com os relacionamentos. Aqueles mais satisfeitos aos 50 se tornavam os mais saudáveis aos 80". Warren Buffett, um dos homens mais ricos e poderosos do mundo, concordaria, já que a sua principal régua para medir o sucesso na

FAZER AMIGOS NA ERA DA SOLIDÃO

vida é a seguinte indagação: "Você é amado pelas pessoas que ama?".

Sempre que estou solitário, basta pensar em meu querido amigo Levi Felix para me sentir um pouco melhor. Ele criou o Camp Grounded, um acampamento em que adultos convivem em meio à natureza com o intuito de realizarem um detox digital. Lá não se usa qualquer dispositivo digital, não se fala sobre trabalho, usa-se apelido em vez do nome verdadeiro, não se usa droga ou álcool e não se pergunta a idade de ninguém. Assim se cria uma coletividade em que os indivíduos se apresentam sem máscaras e se conectam verdadeiramente. Atuei como monitor em treze edições do acampamento, prestando auxílio a mais de 3 mil participantes nas belas florestas do norte da Califórnia, na Carolina do Norte, em Nova York e no Texas. Testemunhei o que acontece quando se dá às pessoas liberdade para serem vulneráveis e ousadas, ou *vulnerousadas*, como dizemos no acampamento.

Em 2016, Levi foi diagnosticado com um glioblastoma grau quatro, um tumor no cérebro. Antes do diagnóstico, ele não parava de dar palestras, de divulgar o acampamento pelo país, e estava começando a escrever seu primeiro livro, provisoriamente intitulado *O humanifesto: um guia de campo do planeta Terra*. Nos dias que antecederam sua internação no hospital da University of California San Francisco para a realização da cirurgia no cérebro, ele e seu agente literário faziam planos para vender o título a uma editora. Eu e Levi chegamos a cogitar alugar um chalé no meio do mato por uma semana, para que ele pudesse se concentrar na escrita. Levi nunca finalizou o livro; morreu de câncer um ano após o diagnóstico, aos 32. Sinto sua falta todos os dias. Dizem que a vida de uma pessoa pode ser avaliada pela quantidade de outras vidas que ela inspira. Eu acho que a vida de Levi pode ser avaliada pela quantidade de lindas almas que ele uniu. Pela quantidade de vivências que ele nos proporcionou, não on-line, não por aplicativo, e sim ao vivo, corpo a corpo, na natureza, na vida real.

Foi Levi, e não o Facebook, quem me ensinou o que é de fato uma interação social cheia de significados. Graças aos ensinamentos de Levi, o meu desejo ao ficar velho é olhar para o passado e poder dizer que passei o maior tempo possível presente e consciente, longe das telas, ao ar livre, sob o sol, curtindo com um novo amigo, nadando num rio, dançando por horas, ouvindo alguém tocar violão, cantando a plenos pulmões, gargalhando, correndo que nem criança, carregando uma cadeira sobre a cabeça, aproveitando a sombra de uma sequoia, tomando café num pijama ridículo, escrevendo no diário, fazendo arte, meditando, admirando o pôr do sol, dormindo sob as estrelas, me apaixonando pela crush, beijando a crush, tendo o coração despedaçado pela crush, vivenciando cada uma e todas as experiências que existem e todas aquelas que eu ainda não sei que existem – e isso tudo agora, hoje, não amanhã.

Levi me ensinou a "curtir" na vida real, não num mural digital. Ensinou-me que o caminho para criar conexão é passar tempo com os outros off-line, sem plateia, vivendo a história, não os stories. Seu legado é a voz no fundo da minha cabeça que de vez em quando precisa me lembrar: "Smiley, larga o celular e vai ficar com seus amigos. Agora!".

Seu legado é o gesto revolucionário de buscar conexão humana em plena era digital, e este livro é uma tentativa de manter sua tocha acesa, como um farol para minha própria solidão. Perdi meu amigo, não quero perder também o que ele me ensinou.

Com esse objetivo, pedi às pessoas mais importantes da minha vida que dividissem comigo o que elas fazem para nutrir suas amizades. Pensei: o que caracteriza uma amizade verdadeira em uma época em que as pessoas passam mais e mais tempo nas redes sociais? Quais são os rituais que fazem uma amizade florescer na era digital? Como ampliar a capacidade de contágio da amizade? Será possível resgatar a natureza off-line da amizade e ao mesmo tempo utilizar a tecnologia para aproximar, e não para afastar? O que a pandemia de covid-19 pode nos ensinar sobre o poder de construir relações positivas em um contexto de incerteza e de perturbação social?

No processo, conversei com estudiosos dos temas da solidão e da amizade, pesquisadores da área de saúde pública, psicólogos, líderes comunitários, além de muitos amigos que sabem como me fazer feliz. E cheguei a uma conclusão bastante simples: passar tempo com os amigos é o melhor remédio contra a pandemia de solidão que nos assola. Os rituais, hábitos e exercícios contidos neste livro vão ajudá-lo a criar conexões valiosas, a fazer novos amigos, a manter contato com os antigos, a estreitar relacionamentos, a ser um amigo melhor. Vão ajudá-lo a estabelecer uma relação mais saudável com a tecnologia e a tornar mais humanas as interações virtuais. Mais importante, vão ajudá-lo a fomentar os sentimentos de conexão e de pertencimento em um mundo digital cada vez mais ilhado, irritado e polarizado.

Os exercícios são simples, e isso é proposital; a dificuldade está em colocá-los em prática. Meu objetivo é que você incorpore em seu dia a dia tantos quanto conseguir. Pense neste livro como um livro de receitas de amizade em tempos de solidão; pegue-o quando sentir saudades dos amigos, quando precisar adoçar seu café (ou *matcha*) com uma colherada de conexão, e pule para as receitas que lhe apetecerem no dia. Use este guia da maneira que fizer mais sentido para você.

Ele está estruturado em seis partes, cada uma baseada em um importante ensinamento que me foi dado por algum amigo durante a escrita do livro:

1. Seja mais lúdico. A estrada para a solidão é feita de comparações. Já a estrada para a conexão é feita de brincadeiras. Sintonize sua criança interior. Esteja aberto a novidades. Alimente a curiosidade. Pergunte sinceramente aos amigos como eles estão. A amizade de verdade se dá longe das telas e dos olhares alheios. As coisas boas da vida acontecem no intervalo entre um post e outro. A necessidade de capturar em imagem cada sentimento, cada momento, está nos furtando a sensação concreta que o momento proporciona. Estamos perdendo tempo em busca de experiências instagramáveis, quando o que importa mesmo é se fazer presente e atento àqueles breves, triviais, mágicos instantes do dia a dia vividos com as pessoas que amamos. Divirta-se com os amigos o máximo que puder.

2. Seja um amigo melhor. Uma amizade sincera é uma amizade saudável. Seja você mesmo. Converse sobre os assuntos espinhosos, não só sobre os agradáveis. Arrume tempo e espaço para escutar. Lembre-se de perguntar a seus amigos: "O que está rolando na sua vida?", "Como você está de verdade?", "Você está bem?", "Tem algo que posso fazer para ajudar?". Não tem nada de errado em se sentir solitário, mesmo que você conheça um monte de gente. Não tem nada de errado em se sentir triste de vez em quando. Não tem nada de errado em não querer sair ou ser amigo de alguém. Não tem nada de errado em dizer não. Não tem nada de errado em não ter respostas.

A amizade real acontece fora da tela, quando ninguém está olhando.

3. Invista na amizade. Amizade é investimento. É escolha. É risco. Demanda tempo, energia, esforço. Não é deslizando para a direita, clicando num botão de curtir ou enviando um emoji que se cria vínculo verdadeiro. Esse tipo de conexão não acontece da noite para o dia. Comece do começo. Construa intimidade aos poucos. Partilhe suas qualidades, seus dons. Fomente um ciclo virtuoso de aconselhamento entre amigos. Estabelecer uma relação profunda com alguns poucos amigos íntimos é mais válido do que conhecer pessoas todos os dias ou ter incontáveis amigos de Facebook.

4. Mantenha contato. Ser uma pessoa ocupada não é desculpa para não manter contato. Tire o celular do bolso e telefone. Chame os amigos para sair mais vezes. Seja ativo nesse aspecto. São grandes as chances de que aquele seu amigo que pelas redes sociais parece estar "com tudo" esteja na realidade com a autoestima baixa, deprimido, estressado, esgotado, solitário. São grandes as chances de que aquele seu amigo que pelas redes sociais parece estar se dando melhor do que todo mundo esteja na realidade sofrendo mais do que todo mundo. Fale para seus amigos que os ama, sempre.

5. Ritualize. Rituais promovem apreço, vínculo, transformação. Intensificam as amizades. Quanto mais criativas forem as interações com seus amigos, mais benéficas serão as relações entre vocês. Varem a madrugada em aventuras nas quais vocês possam estar realmente juntos. Marque encontros platônicos com um amigo ou amiga, vista-se a caráter, surpreenda-o/a com um buquê de flores, convide-o/a para jantar. Para os caras: reflitam sobre sua interação com outros homens; busquem amizades que lhes permitam se mostrar vulneráveis, se abrir, falar sobre suas emoções. Um texto diário

FAZER AMIGOS NA ERA DA SOLIDÃO

de agradecimento, um almoço em plena terça, uma viagem para o meio do mato uma vez por ano: crie tradições para não se afastar das pessoas e dos lugares que você mais ama.

6. Seja um secretário de combate à solidão. Em 2018, a Inglaterra nomeou uma secretária de Combate à Solidão para lidar com a solidão como questão de saúde pública. Seria bacana se cada país do mundo tivesse um secretário ou ministro semelhante ou então um Departamento de Conexão Humana, mas isso parece improvável. A pandemia deixou muito claro – especialmente nos Estados Unidos – que não haverá um salvador. Não podemos esperar que o governo cure nossa solidão nem acreditar na falsa promessa de que as empresas de tecnologia vão nos aproximar; precisamos nos tornar agentes da conexão humana em nossas comunidades. Abra-se à perspectiva de pessoas com histórias muito diferentes da sua. Participe de comunidades que enxerguem a beleza de seus sonhos. Sempre pergunte de que modo você pode passar o bastão; promova encontros, divulgue oportunidades, ceda seu tempo, reparta seus recursos, seja um cidadão acolhedor e engajado. A conexão humana faz bem para você e também para o planeta.

Se você quer ressignificar a amizade, se quer passar menos tempo deslizando o dedo pela tela, se quer passar mais do que 4% de seu tempo na companhia das pessoas que o farão mais feliz, este livro é para você. Vamos nos divertir juntos.

PARTE 1

SEJA MAIS LÚDICO

Desenhe um mapa das amizades

Quando comecei a escrever um livro sobre amizade na era digital, fui invadido por memórias da época em que mais me senti cercado de amigos, a faculdade.

Entrei na Wesleyan University em 2001, quando a maioria de nós ainda não tinha celular. Usávamos telefone fixo. Sim, telefone fixo! Na minha escrivaninha, tinha uma folha de papel destacada com o ramal dos meus amigos. Completar aquela folha era completar o círculo de amizades. Tipo: "Cara, não tem mais espaço na minha lista, quem sabe não rola de a gente sair no próximo semestre".

Se você não marcasse com antecedência com os amigos, havia grandes chances de passar a noite procurando por eles. Não existia iMessage. O que existia eram lousas do lado de fora de cada dormitório onde alguém deixava uma mensagem: "BICHO, ONDE CÊ TÁ?!". E então quem recebia a mensagem ia até o dormitório do seu amigo e escrevia na lousa dele: "CARA, EU TÔ AQUI! ONDE VOCÊ TÁ?".

Esses desencontros duravam horas, às vezes fins de semana inteiros. Foi daí que o Snapchat teve a ideia do Snapstreak.

E você sempre acabava encontrando seus amigos vagando pelo câmpus em busca de uma festa. Grupos percorriam as ruas e se deparavam com outros grupos, e alguém gritava: "Falaram que tá rolando uma festa no número 42 da Home Avenue!", "Me falaram que é no número 60 da Fountains Avenue!", "High Street, número 84", "Festinha na Vine Street!". Não raro, você chegava ao local e não tinha festa nenhuma, só um morador de saco cheio: "Não tem nada aqui, velho, dá o fora do meu quintal! Tenho exame amanhã!".

Havia um senso de importância naquele tempo pré-celulares e pré-redes sociais. Eu me sentia presente, inteiro. Sabia exatamente quem eram os meus amigos. Passava o tempo escutando algum CD riscado do Weezer ou alguma playlist no Napster, tentando estudar na biblioteca, fumando um às escondidas, curtindo a vida com meus parceiros.

Vinte anos depois, meus amigos da faculdade estão espalhados pelos Estados Unidos. A maioria se casou, teve filhos. E, na maior parte do último ano, tudo o que eu fiz foi me sentir só. Conheço gente nova quase todos os dias, mas às vezes sou incapaz de listar os amigos de verdade. Assim, senti o ímpeto de restabelecer contato com alguns desses companheiros de faculdade, porém não sabia como dar o primeiro passo.

Decidi seguir o conselho de um outro amigo: fazer um mapa das amizades. "Sabe aquela música 'All My Friends', do LCD Soundsystem? É tipo isso", ele explicou. "Por onde andam meus amigos?!" Peguei uma folha, desenhei um arremedo de mapa dos EUA e escrevi o nome de cada um dos meus grandes amigos mais ou menos sobre o ponto do mapa em que eles moram. Fiz uma lista daqueles que vivem em outros países também.

Preguei o Mapa das Amizades em frente à minha mesa de trabalho, como sugeriu o amigo que me deu a dica. De vez em quando, escolho um amigo com quem não falo há tempos e envio um cartão-postal com a lembrança de alguma história divertida que passamos juntos, que eu chamo de Cartão--Postal das Boas Memórias. O simples ato de olhar para o mapa me lembra que há muitas pessoas por aí que me amam, assim como o simples ato de manter contato enche minha semana de alegria.

Substitua o tempo de tela por tempo com os amigos

O lema do Camp Grounded era "Desconectar para reconectar". Isso fazia algumas pessoas pressuporem erroneamente que o intuito do acampamento era renunciar à tecnologia, mas o fato é que Levi não era um adepto do luddismo: ele sacava seu iPhone do bolso tantas vezes quanto qualquer um de nós. Em sua visão, a experiência do detox digital de quatro dias representava um passo no sentido de estabelecer uma relação mais consciente com os dispositivos tecnológicos. Não se tratava de escapar, de se recolher num retiro, mas sim de se tornar capaz de se reconectar e encontrar um equilíbrio na vida *pós*-acampamento, no dia a dia.

Levi era um crítico contumaz desses aplicativos que não param de enviar notificações automáticas para nos manter grudados no celular, sendo que a tecnologia poderia ser usada para passar mais tempo off-line, com as pessoas amadas. Para reforçar sua posição, ele argumentava que 60% das pessoas afirmam ser viciadas no celular, que uma pessoa confere o celular em média 150 vezes por dia, que 30% das pessoas admitem evitar familiares e amigos para ficar navegando nas redes sociais, que uma a cada dez pessoas olha o celular durante o sexo e que um em cada seis celulares apresenta vestígios de coliformes fecais, pois não são abandonados nem mesmo na hora de atender a um chamado da natureza.

No Camp Grounded, antes de entregar o iPhone para vivenciar um incrível fim de semana no meio do mato, era preciso passar por uma tenda fiscalizada (de mentirinha) pelo Instituto Internacional de Desintoxicação Digital (IIDD), que avaliava o nível de veneração tecnológica do sujeito; recitar um juramento de seis linhas segundo o qual o participante se comprometia a não ser acometido pela síndrome da vibração fantasma; e assistir a um vídeo protagonizado por meias falantes que questionavam se usar o celular no banheiro era mesmo um comportamento digno. Só depois disso os funcionários do IIDD, trajados com macacão de proteção biológica, confiscavam o celular.

Com muita frequência, nossas ações são ditadas pelos dispositivos. Você clica na notificação automática que diz que "Maria publicou em sua atualização" e pronto: três horas depois, ainda está discutindo com a Maria e com outros seis completos desconhecidos e ainda tem treze abas abertas com artigos e vídeos para ver depois. O conceito de tarde de sábado não existe mais, nosso corpo está sempre tenso, os olhos, fatigados. Tristan Harris, especialista em ética na tecnologia e cofundador do Center for Humane Technology, vê os dispositivos como caça-níqueis cuja moeda é nossa atenção. "Existe um objetivo comum subjacente a toda tecnologia produzida, e esse objetivo é competir por nossa atenção", alerta Tristan.

Nos primeiros dias da pandemia de covid-19, com os apelos para permanecer em casa, o ritmo da minha vida mudou dramaticamente. Parei de emendar uma viagem em outra, uma cidade em outra, um evento em outro, parei de conhecer pessoas novas. Dei-me conta de que não tinha energia para oferecer a tanta gente, que precisava reservar a limitada disposição que me restava às pessoas e tarefas que mais tinham importância para mim. Ler as notícias se tornou uma atividade penosa, extenuante. Passei a postar cada vez menos nas redes sociais, a promover cada vez menos meu trabalho, a fazer cada vez menos compras on-line, a estar cada vez menos "ocupado", e cada vez mais a caminhar (de máscara) pelo bairro, a cozinhar com minha companheira, a conversar com minha família, a vivenciar acontecimentos como os primeiros passos do meu sobrinho. Escolhi priorizar meus amigos a meus seguidores. Nem preciso dizer que isso me reconectou ao mundo concreto.

Foi necessário que houvesse uma pandemia para que eu desacelerasse. Por que foi preciso chegar a esse ponto? Como podemos nós mesmos criar as oportunidades para nos dedicar àquilo que de fato importa? Tá, é possível ir para um retiro meditativo de dez dias ou para um acampamento de desintoxicação digital no meio do mato, mas isso nem sempre é factível.

Bem, uma prática simples e divertida para se tornar mais presente é substituir tempo de tela por tempo com os amigos. Nas configurações do celular, clique na opção que mostra o tempo durante o qual a tela passou ligada; observe quantas horas, em média, você passa no celular e por quantas horas a tela de seu celular fica ligada durante a semana. Veja quantas vezes em um dia você pega o celular para dar uma espiada. Na opção que mostra o tempo gasto em cada aplicativo, veja quantas horas gastou na última semana no TikTok, Instagram, Twitter, Facebook, Snapchat etc. Anote esses números em um post-it e cole-o no espelho do banheiro, para que assim bote os olhos nele todas as manhãs. O desafio que eu proponho é o seguinte: durante uma semana, passe esse mesmo tempo gasto nas redes sociais em telefonemas ou conversas com um ou dois amigos marcados no Mapa das Amizades. Não encare essa atividade como uma tarefa de casa; estou falando de bater um papo com seus amigos, cara! Se desligar as notificações automáticas por uma semana, você não só ganhará um adesivo de estrelinha como se perceberá muito mais disponível em termos de atenção para as pessoas no mapa.

Questione o que é ser adulto

Quando falo no poder do lúdico, logo penso em um dos meus melhores amigos, Brady Gill, conhecido como Honey Bear. Ele atuou como monitor-chefe e diretor-assistente no Camp Grounded e frequenta acampamentos de verão há mais de três décadas (só deixou de ir a três desde os 6 anos!). Como membro da equipe de funcionários ou como diretor, Brady participa de acampamentos infantis como o Camp Tawonga e o Camp Galileo, e hoje em dia comanda o Custom Camps, que proporciona jogos e atividades de desenvolvimento coletivo para adultos em empresas e retiros corporativos.

Brady considera que a brincadeira tem um potencial transformador e libertador; ela desfaz a noção de adulto que nos é imposta por uma sociedade regulada pelo sucesso e pelo status. "Nos Estados Unidos, mais do que em outros lugares, a gente criou e cria regras que determinam o que é ser adulto", ele explica. "E essas regras geralmente se relacionam a sucesso, progresso, conquista; espera-se que os adultos saibam tudo. Mas é uma expectativa irrealista, e aí a gente não se dá permissão para aprender ou se desenvolver, porque isso seria admitir que não somos bem-sucedidos."

Brady contrapõe essas expectativas irrealistas com as expectativas que depositamos sobre as crianças; para elas, as regras são opostas: o insucesso de uma criança é celebrado, e qualquer fato é uma oportunidade de ensinar, aprender, crescer. A existência da criança gira em torno dessa ideia. A escola existe para isso. No entanto, em algum momento da vida, esse espanto típico da infância é substituído pela expectativa de que saibamos tudo sobre tudo, o que é triste. Deveria ser objetivo também da vida adulta continuar aprendendo, evoluindo. Como diz Brady: "A gente entra na vida adulta assado por fora e cru por dentro, e de repente desligam o forno".

Acampamentos para adultos são um jeito de reacender o forno. No Camp Grounded, nós separávamos os participantes (adultos) em aldeias compostas de quinze deles mais um monitor. A função do monitor, como num acampamento infantil, é evitar que os participantes se machuquem, não apenas fisicamente, mas também psicologicamente. É ser amigo dos participantes e ajudá-los a fazer novos amigos. É exaltá-los, celebrar suas incríveis qualidades, mostrar-lhes no que podem melhorar, mas sem os destituir de sua autonomia nesse processo. A função do monitor lembra a de um mestre, um orientador, um mentor, um irmão mais velho: demonstrar apoio e reconhecer o outro em sua essência. Não são só as crianças e os adolescentes que necessitam desse tipo de incentivo; os adultos também.

Brady me contou que foi uma criança muito insegura de si. Para mim, isso é difícil de enxergar, dado que, quando estamos juntos, ele geralmente está liderando o torneio de pedra-papel-tesoura em meio aos berros de centenas de pessoas. Mas o fato é que Brady foi uma criança insegura, que achava que havia algo de errado com ele, enquanto todo mundo estava bem. A convivência nos acampamentos de verão o fez entender que não era o único a se sentir assim, que as pessoas têm a sensação de que estão sempre fingindo, que ninguém sabe de fato o que está fazendo, que todos estamos perdidos e simplesmente fazemos o melhor que podemos. Essa percepção foi um ponto de virada para Brady, que desde então decidiu espalhar a magia dos acampamentos entre os adultos. Eis alguns aprendizados que ele formulou nesse processo:

1. Adultos precisam de permissão para brincar. As crianças simplesmente brincam porque é o que se espera delas; nós dizemos com todas as letras: "É hora da brincadeira!", "No recreio, você pode fazer o que quiser", "Este é um espaço para errar e aprender". Com isso, elas sabem exatamente o que têm de fazer. Nós lhes damos permissão para errar e para não ter todas as respostas, e não fazemos o mesmo com os adultos.

2. Adultos precisam saber que os outros adultos também estão inseguros. Anos atrás, no primeiro dia de uma das edições do Camp Grounded, Brady contou a todos os participantes reunidos que aproximadamente 50% deles (mais de cem indivíduos) haviam respondido no formulário de admissão que achavam que não iriam fazer novos amigos ou que não aproveitariam a experiência. Ao expor desde o primeiro momento e sem meias palavras esse sentimento de inadequação, Brady fez que cada participante se sentisse menos sozinho, menos mal por se considerar inconveniente ou estranho, e transformou em vínculo a sensação de medo, de insegurança, assim como a intenção de atravessar a experiência conjuntamente.

3. Adultos precisam de uma mãozinha para fazer novos amigos. Ocasiões próprias para fazer novas amizades são raras na vida adulta. Para relacionamentos românticos, ainda há eventos de *speed-dating* ou aplicativos de paquera, mas para amizades não há tantas possibilidades. Na primeira tarde no Camp Grounded, os participantes de cada aldeia são orientados a passar duas horas conversando entre si, com o objetivo mesmo de se conhecerem e se tornarem amigos. Há um "banco da amizade" também; sentar nele é uma sinalização de que você está a fim de conversar. Existe a regra de sempre formar círculos de conversa abertos, nunca fechados, para que qualquer um se sinta convidado a se juntar. Quando alguém acaba de entrar no espaço do Show de Talentos, a plateia grita "Novo amigo! Novo amigo!", para que a pessoa não se sinta sozinha. Brady me falou que na manhã do segundo dia no Camp Tawonga, outro acampamento, todos os supervisores se reúnem para fazer a seguinte indagação sobre cada uma das crianças: "Ele/a já fez algum amigo?". Se a resposta for negativa, passa a ser missão dos monitores que aquela criança faça uma nova amizade antes do fim do dia.

4. Adultos precisam jogar mais jogos. Brady diz que qualquer jogo ou atividade que quebre o gelo cria uma microesfera em que as regras são muito diferentes daquelas que regem nossas interações sociais. Essa ruptura nas regras possibilita aos adultos questionarem o mundo que os cerca. É o que acontece no Camp Grounded, por exemplo, quando os participantes são avisados de que não podem usar dispositivos digitais, falar sobre trabalho nem usar o nome verdadeiro; dessa forma, são imediatamente transportados para uma nova atmosfera, não raro mais libertadora do que aquela do cotidiano. Durante um jogo, por mais breve que seja, os participantes saem da Matrix. Brady tem um jogo para quebrar o gelo chamado Quac, cujo objetivo é conhecer

FAZER AMIGOS NA ERA DA SOLIDÃO

o máximo de pessoas possível dentro de 30 segundos da seguinte maneira: você cumprimenta a pessoa com um toca-aqui duplo, se vira e, metendo a cabeça entre as pernas, grita "Quac!" ao mesmo tempo que tenta lembrar o nome de todo mundo. Esse jogo pode parecer bobo – pode parecer, não: é bobo –, mas certamente faz o indivíduo se questionar por que faz seu trajeto toda segunda de manhã com a cara enfiada no iPhone, ou por que não sabe absolutamente nada sobre a vida dos colegas de trabalho. "Nós temos como que um 'teto cimentado de regras', e, quando participamos de uma experiência, como um acampamento, que nos mostra que as regras que considerávamos importantes são na verdade artificiais, esse teto começa a rachar", diz Brady.

Experimente coisas novas

Imagine como seria a vida se gastássemos menos tempo com preocupações e nos dedicássemos mais a experimentar coisas novas. A missão de Molly Sonsteng é justamente proporcionar experiências inéditas às pessoas. Molly, uma "produtora de ludismo", é fundadora do Caveday, um espaço colaborativo que propicia intensas sessões de trabalho em grupo, e do First Time Out, um show de talentos para artistas de primeira viagem. O First Time Out, com sua atmosfera de apoio e carinho, é um ambiente que permite a adultos tentar coisas novas sem tanto medo das consequências. Desde a primeira edição, em Nova York, Molly já apresentou 25 espetáculos, com mais de 300 calouros.

Ela me contou de Claire, que tinha inúmeras canções compostas, porém nunca as mostrara a ninguém até se apresentar no evento. A energia do ambiente ajudou Claire a superar o frio na barriga, e um ano mais tarde ela estava gravando um álbum e realizando diversas apresentações por mês.

"Quando somos crianças, participamos das brincadeiras com naturalidade", explica Molly. "No entanto, com a idade, vamos formando um escudo, uma resistência ao ato de brincar, de nos soltar. O esforço para ser o mais legal, o mais profissional, o mais bem-sucedido vai se revestindo de camadas. Até que em algum momento nos permitamos entrar de alma na brincadeira, acessar nossa criança interior. Nesse instante, as camadas se desfazem. Não é bizarro que, na infância e adolescência, a gente gaste um tempão conjecturando o que vai ser quando crescer e, quando cresce, queira voltar a ser criança?

"Meu marido, que é ilusionista amador, diz que mágica é a suspensão momentânea da incredulidade. Não tem a ver com fazer a moeda desaparecer; mágica é fazer aquele adulto profissional, cheio de defesas, acreditar, por um instante que seja, que a moeda desapareceu de fato. É um instante como esse que eu busco quando tento cativar as pessoas com o lúdico. Tão breve quanto um estalar dos dedos. Tão breve quanto acender a luz no interruptor. Eu percebo o brilho nos olhos das pessoas quando elas se abrem para a brincadeira."

As palavras de Molly me fazem pensar no poder que tem o mágico que acende a luz. Lançar-se a algo pela primeira vez é um ato poderoso. Dispor-se a quebrar os padrões é um ato poderoso. Não há na plateia do First Time Out um espectador que não se sinta libertado após ver um desconhecido subir ao palco e tentar algo que nunca fez antes. Quando alguém entra de cabeça na brincadeira, inspira outros a fazer o mesmo – e, quando todo mundo entra na brincadeira, todo mundo quebra os padrões; quando todo mundo quebra os padrões, todo mundo age com espontaneidade; quando todo mundo age com espontaneidade, todo mundo faz parte do grupo.

Em seu livro *The Art of Gathering*, Priya Parker afirma que as reuniões de natureza transformativa instituem temporariamente um mundo alternativo. "Esse tipo de reunião é incrível porque, por um tempo limitado, breve, permite o estabelecimento de regras próprias", diz Priya em uma entrevista. Regras tão simples quanto dizer aos convidados o que eles devem levar a uma reunião de amigos, se devem ir fantasiados ou não, determinam o espírito com que eles se apresentam. No caso do First Time Out, uma única regra – só podem participar artistas de primeira viagem – é o suficiente para gerar momentaneamente um mundo repleto de coragem e ousadia que permite a pessoas como Claire superarem seus receios e fazerem sua mágica.

Molly dá três dicas para nos tornarmos mais lúdicos:

1. Faça algo novo a cada dia. Polvilhe o sorvete com um pouco de canela. Use o relógio de pulso no braço oposto. Pague cinco polichinelos em frente ao espelho. Fazer algo novo diariamente é uma ótima maneira de distinguir um dia do outro. Além disso, como bem lembra Molly, o ato de sempre buscar uma atividade inédita é divertido por si só.

2. Faça perguntas diferentes das habituais. Faça perguntas incomuns quando conhecer alguém. Molly sugere algo como: "Como foi seu dia?"; essa pergunta banal nunca é feita a um recém-conhecido. Outra possibilidade: "Qual foi a coisa mais inusitada que aconteceu com você hoje?". Pavimente um caminho até as clássicas "Com o que você trabalha?" ou "De onde você é?". Ainda que você esteja de fato interessado no trabalho da pessoa, um pontapé inicial incomum na conversa estabelece um tom mais leve; por sua vez, um tom mais leve, como você já deduziu, propicia um diálogo mais aberto e sincero.

3. Sempre tenha uma bugiganga à mão. Escolha um objeto pequeno que você adore e carregue-o consigo. O de Molly é um pião. Ela o leva para onde quer que vá, sempre. O pião funciona como um lembrete para não se preocupar tanto e ao mesmo tempo é uma ótima distração antes de uma reunião, por exemplo, que a impede de pegar o celular (sem falar que pode ser um ótimo tópico de conversa). O objeto deve ser pequeno, de modo que você possa levar na carteira ou na bolsa/mochila.

Vinte perguntas mais interessantes do que "Com o que você trabalha?":

Aconteceu algo inesperado com você esta semana?

Qual foi o melhor show da sua vida?

O que você fica pensando quando não consegue dormir?

Quem é a pessoa que faz você gargalhar?

Qual foi o pior encontro da sua vida?

Qual foi o acontecimento recente mais memorável que lhe aconteceu e que você não postou nas redes sociais?

Qual foi o último álbum que você escutou do início ao fim?

Se você pudesse escolher qualquer lugar para viajar amanhã, qual seria?

O que você mais gosta de fazer quando está sozinho?

Como é a sua casa/apartamento dos sonhos?

Das vezes que você dormiu na casa de um amigo, qual foi a melhor?

Que projeto criativo você gostaria de apresentar ao mundo?

Qual seria o seu slogan de campanha se concorresse para presidente?

Se você pudesse ser um personagem de seriado ou programa de tevê por um dia, qual seria e por quê?

O que "fazer nada" significa para você?

Como está seu coração neste exato momento?

Você segue alguma prática espiritual?

Há algum grande amigo dos tempos de escola com quem você não tem mais contato, e por que vocês pararam de se falar?

Quando foi a última vez que você chorou?

O que você aprendeu durante a pandemia de covid-19, algo que nunca esquecerá?

Quer mais perguntas do tipo? Veja as 36 questões para se apaixonar que Mandy Len Catron aborda em sua coluna "Modern Love", as quais fazem referência a um estudo na área de psicologia em que Arthur Aron e outros pesquisadores investigam se é possível acelerar a intimidade entre duas pessoas por meio de um questionário composto de perguntas crescentemente íntimas. A minha favorita é a 33: "Se você fosse morrer hoje e não pudesse se comunicar com nenhuma pessoa, do que mais se arrependeria de não ter dito a alguém? Por que você não disse isso para essa pessoa ainda?".

Seja um Xerife do Bem-Estar

No Camp Grounded, tínhamos o Xerife do Bem-Estar, encarregado de garantir que os participantes estivessem tendo uma boa experiência. Bubbles, o apelido de nosso xerife, ficava de olhos atentos a qualquer pessoa que parecesse deslocada. Se encontrasse uma, ele às vezes perguntava se estava tudo bem. Às vezes, sentava-se com ela e a escutava. E outras vezes a chamava para alguma atividade. No fundo, o que Bubbles fazia era acolher as pessoas e fazê-las se sentir bem consigo mesmas.

Nossa sociedade não dá a devida importância ao gesto de valorizar o outro. Estamos habituados a ouvir que não somos bons o bastante. O simples ato de dizer ao outro que ele é livre para ser quem é, que está, sim, fazendo um bom trabalho, que é perfeito como é, esse ato tem uma força extraordinária.

Como você pode atuar como um Xerife do Bem-Estar no dia a dia? Talvez possa andar com adesivos de estrela dourada para premiar as pessoas por atitudes incríveis que testemunhe por aí. Ou esperar na saída de um mercado e se oferecer para carregar as compras de alguém até o carro. Ou, na próxima vez que estiver na fila da cafeteria, pode pagar pelo café do cliente de trás e dizer a ele para fazer o mesmo por outro cliente no dia seguinte. Ou então, em sua próxima viagem de avião, levar um baralho entre seus pertences e ver se alguém quer jogar rouba-monte enquanto espera pelo voo. Ou distribuir geladinhos no verão. Ou se oferecer a alguém para ouvir sobre seu dia.

Sempre me pego pensando em como o mundo seria diferente se a polícia, em vez de policiar indivíduos, se comprometesse a acolher e ajudar aqueles que se sentem excluídos ou que precisam de uma mão. Não precisamos de mais xerifes; precisamos, sim, de mais Xerifes do Bem-Estar.

Encontre aquilo que o complete

Alguns anos atrás, telefonei para meu amigo e conselheiro Dev Aujla. Dev administra a Catalog, agência que oferece consultoria estratégica e serviços de recrutamento para empresas com fins lucrativos e filantropas. Ele também fundou a DreamNow, uma instituição de caridade que já ajudou mais de 50 mil jovens a planejar e pôr em prática projetos comunitários. Telefonei para ele porque estava atormentado por uma questão profissional: a necessidade de monetizar meu trabalho vinha me deixando estressado e ansioso. Tinha acabado de publicar meu primeiro livro e me encontrava em uma encruzilhada na carreira. Falei a Dev que não queria gastar todo meu tempo produzindo minha *newsletter*, trabalhando com marketing digital ou incrementando as formas de vender meu peixe; minha vontade era passar mais tempo com as pessoas próximas. O conselho de Dev foi simples: "Não faça nada só porque supostamente é o que você deveria fazer. Não faça nada que o deixe incompleto por dentro. Faça aquilo que lhe dê a sensação de plenitude. Aquilo que faz você se sentir bem pra c*ralho". Esse conselho foi um ponto de virada para mim. Em vez de despender minha energia no mundo on-line, de não tirar os olhos de uma tela de computador, de me preocupar com taxas de cliques ou com formas de aumentar o número de seguidores, tomei a decisão de me dedicar a algo que me fizesse bem. Investi no meu negócio de palestras e comecei a rodar o mundo me apresentando. Cinco anos depois daquela conversa com Dev, essa é a minha única ocupação, e me proporciona satisfação e mais dinheiro do que eu provavelmente ganharia se me dedicasse a monetizar posts no Instagram.

Poucos meses após o primeiro telefonema, liguei novamente para Dev, para agradecer pelo conselho certeiro. Dessa vez, era ele quem precisava de ajuda. Dev estava procurando um agente literário que acreditasse genuinamente nas ideias de seu segundo livro, *50 Ways to Get a Job*, sobre o poder da concepção da carreira não linear. Comentei que gostava muito da minha agente e disse que adoraria apresentá-los. Os dois se deram bem de cara, e Dev fechou um contrato de publicação. Uma relação entre mentor e discípulo (qualquer relação, na verdade) é valiosa quando ambos têm algo a oferecer ao (e a receber do) outro.

Quando voltamos a nos falar, Dev me disse que tinha levado a sério o próprio conselho: sua admiração por pessoas que percorrem trajetórias não lineares o inspirara a abrir uma pequena biblioteca em um aposento sem janelas no térreo de um espaço colaborativo no Brooklyn, em Nova York. A Sorted Library recria em parte a biblioteca de famosos pensadores e criadores como forma de celebrar o pensamento não linear. A partir dessas coleções, os visitantes podem criar uma seção própria, com três a cinco livros, e atribuírem o tema que quiserem: "Como amar o mundo", "Livros que minha mãe ensina a seus alunos", "Os impactos de nossas decisões criativas", "As vozes que escutamos no silêncio", "Eu-tnografia", "Comendo no fim do mundo".

Dei os parabéns a Dev por seguir seus sonhos e erguer a Sorted Library do zero. Então ele me contou uma novidade ainda mais maravilhosa: estava apaixonado. Havia conhecido Liz num encontro de trabalho e convidara ela e seus colegas para conhecerem a biblioteca. Sua equipe não pôde ir, mas Liz apareceu. Dev rememora: "Eu estava no meu cantinho trabalhando; a biblioteca era um convite a se perder nos livros ou em um papo. Nós conversamos por três horas".

Depois que Liz se foi, Dev enviou uma mensagem de texto para o irmão: "Acho que conheci uma pessoa". Ele não tinha como saber ainda, mas Liz mandou a mesma mensagem para uma amiga. O décimo encontro dos dois foi uma viagem de dez dias pelo oceano Atlântico, de Halifax a Liverpool, a bordo de um navio cargueiro. "Cada dia no navio equivaleu a um mês de encontros em Nova York", escreveu Dev. "Ao longo daqueles dez dias, passamos mais de 160 horas juntos, dividimos duas dezenas de refeições, nos beijamos mais vezes do que um casal se beija em cinco meses. No terceiro dia, falei 'eu te amo' para ela. No quinto, estávamos planejando o futuro. No oitavo, brigando."

Poucos meses depois, Dev e Liz ficaram noivos. Perguntei a ele se a biblioteca tinha tido um papel no romance. "Com certeza. O projeto fluiu. As coisas deram certo naturalmente: consegui o espaço sem pagar nada, uma livraria me doou milhares de livros. Estava sentindo que ia conhecer alguém, mesmo passando cinco horas por dia num lugar sem janela. Eu perdia a noção do tempo. Estava deixando a vida me levar. Estava de bem comigo mesmo, e, quando você está de bem com você, está aberto para conhecer essa pessoa."

Foi graças à sua curiosidade peculiar e à sua bússola interior – que o levaram a abrir uma biblioteca que dificilmente lhe traria fama e fortuna – que Dev conquistou a completude, uma identidade, alguém que admirava sua essência e também aquilo que todos buscamos: amor.

Dê mais abraços, abraços mais demorados

O aconchego proporcionado pelo contato físico é transformador. A descarga de ocitocina provocada por um abraço – especialmente um daqueles que se demoram – pode desacelerar o ritmo cardíaco, diminuir o nível de hormônios estressores e ajudar a combater os sentimentos de solidão, isolamento e raiva. Segundo uma pesquisa realizada na University of North Carolina, mulheres que são abraçadas com frequência têm a pressão sanguínea mais baixa do que aquelas que não o são; e um estudo conduzido pela Carnegie Mellon University mostrou que indivíduos que receberam abraços regularmente apresentaram menos sintomas de gripe do que sujeitos menos abraçados. O professor de Filosofia Stephen Asma escreve: "O vínculo profundo é mais biológico do que psicológico e requer contato físico. O laço afetivo que caracteriza uma amizade verdadeira promove a produção de ocitocina e de endorfina no cérebro e no corpo dos amigos – cimentando-os em níveis mais profundos do que ocorre em outros tipos de relação".

O toque fraternal entre homens – ainda mais numa cultura como a estadunidense, em que esse tipo de contato é estigmatizado – faz bem tanto para os homens quanto para a sociedade. Um estudo publicado no periódico *Adolescence* que analisou 49 culturas diferentes concluiu que aquelas "nas quais a demonstração física de afeto com as crianças era mínima apresentavam maiores taxas de violência entre adultos". Gabe Prager, um dos meus melhores amigos, dá os melhores abraços de urso que já recebi. Nada daqueles desajeitados abraços masculinos, sabe? Do tipo que os dois caras parecem ter vergonha de demonstrar o quanto se amam. Ou do tipo que parecem estar dizendo: "E aí, mano, da hora te ver, está de boa? Eu curto cerveja, você curte cerveja? Eu curto esportes, você curte esportes também, né? Não vou chegar muito perto porque a rapaziada vai pensar que a gente é um casal, e eu até hoje tenho medo de ser chamado de gay porque na quarta série me chamaram de gay porque a sociedade é homofóbica e todas as referências românticas que vejo nas revistas e na tevê são de casais formados por um homem e uma mulher".

Gabe, não: ele abraça com vontade. Ele abraça para demonstrar seu amor. Ele abraça como quem não está preocupado se as pessoas vão olhar torto para dois homens se abraçando por mais de um minuto no meio da calçada, pois deveria ser o fato mais natural do mundo ver dois homens se abraçando (ou se beijando) na calçada. Eu adoro quando meus amigos homens me dão um abraço apertado como manifestação de seu amor por mim, simplesmente porque os amo também. Os abraços demorados de Gabe carregam uma mensagem: "Estava com saudade, cara. Neste momento, você é a pessoa mais importante do mundo para mim. Sou muito grato por ter você. Preciso de você na minha vida. Você precisa de mim na sua. Pode contar comigo. Nós podemos contar um com o outro".

Deb, a tia-avó de minha companheira, me contou que, após a morte do marido, com quem foi casada por 64 anos (ela tem 97), sentia falta, acima de tudo, do contato físico. Essa falta se intensificou durante a pandemia de covid-19. Ela disse que sentia muita saudade de ser abraçada, de ser tocada. Para compensar um pouco, sempre que seus familiares a visitavam para ajudá-la a cuidar dos vasos das jardineiras ou a cozinhar, ainda que não se aproximassem a menos de três metros, eles passavam alguns minutos abraçando a si mesmos. O autoabraço não era a mesma coisa, claro, mas a ocitocina liberada por ele a ajudava a seguir em frente.

Meu amigo Jonah falou que, para ele, o fato de viver distante dos amigos foi uma bênção durante a quarentena, porque não seria capaz de não abraçá-los. "O abraço é meu ritual de amizade", disse. "Tenho um abraço especial para cada amigo."

Na próxima vez que encontrar uma pessoa querida, pergunte se ela quer receber um abraço demorado e abrace-a com vontade.

Abrace seus amigos com vontade.

Entre em seu corpo

Kyla Sokoll-Ward, que estuda o tema da solidão e apresenta o podcast *Conversations That Don't Suck*, acredita que a concepção de amizade passará cada vez mais pela conscientização e consideração das formas de vínculo com o outro. Em outras palavras: não basta se relacionar; é preciso tomar consciência do que você exige de cada relação. Às vezes, para que seja capaz de realmente nos entender, um amigo precisa nos sentir, nos perceber, isto é, penetrar em nosso íntimo, em nosso espírito. "Não tem mal nenhum em ser exigentes com o caráter do vínculo que estabelecemos com os amigos quando o intuito é nos sentir enxergados e compreendidos por eles. Não tem mal nenhum em exigir mais dos outros", diz Kyla.

Minha amiga Bailey Robinson passou por um processo de autoconhecimento e cura emocional que durou seis anos até ser capaz de firmar amizades mais profundas. "Quando se tratava de apoiar nos momentos de dor, meus relacionamentos não eram recíprocos", ela conta. "Eu agia como uma mãezona para os outros, e os outros não se faziam emocionalmente presentes para mim quando eu precisava."

Bailey levou muito tempo para aprender a expressar suas necessidades. Ela passou a comparecer a encontros de conexão, nos quais botava para fora suas emoções, e esses encontros a fizeram perceber que não era a única sedenta de vínculos mais profundos, mais espirituais. "O primeiro passo foi permitir que minha voz saísse", lembra Bailey. "Fui a inúmeros encontros. Não era capaz de vencer essa batalha sozinha. Precisava desse espaço." Ela deu início a seu próprio encontro do tipo, o Feelings Playtime, em que os participantes expressam sentimentos e necessidades.

Graças às reuniões, Bailey passou a se conhecer melhor e a tomar consciência dos tipos de pessoa de que queria se cercar, assim como dos amigos de que precisava se afastar. "Para se conhecer, você precisa se ver refletido no maior número possível de pessoas", diz. "Psicólogo, amigos, vizinhos. Quanto mais pessoas houver ao seu redor, mais aspectos seus se manifestarão."

Bailey também compreendeu que sua transformação foi, em grande medida, somática, isto é, se deu em seu corpo, e não em sua mente. "Minha trajetória de autoconhecimento começou há seis anos", ela conta. "Eu tinha lido uns cinquenta livros de autoajuda corporativa. Dentro da minha mente, e dentro do mundo dos negócios, estava tranquila; o processo de transformação real, para mim, se deu no nível do corpo. Foi um processo de corporificar meus sentimentos... Quanto mais eu fazia isso, mais tinha facilidade de me conectar comigo mesma, de perceber as conexões certas." À medida que desenvolvia sua percepção dos sentimentos que habitavam seu corpo, Bailey passou a entender melhor o tipo de laço que desejava estabelecer com os amigos. Então, começou a frequentar encontros cujo propósito é gerar vínculos, como o Camp Grounded e o Soul Play (um festival de quatro dias que promove conexões genuínas e desenvolvimento pessoal por meio de sessões de ioga e dança), e também um grupo de dança extática aos domingos de manhã. A primeira vez que viu aquelas pessoas dançando a um palmo do chão, como que possuídas, Bailey se sentiu desconfortável. "Fiquei tipo: 'O que essa galera maluca está fazendo no chão?'. Só que pouco tempo depois eu estava no meio deles, e o grupo se tornou meu lar."

Bailey compartilhou comigo três aprendizados relevantes para a amizade moderna que sua trajetória em busca da corporificação dos vínculos lhe ensinou:

1. Habite locais e espaços que lhe possibilitem conviver com pessoas que se encontrem num estágio mais avançado do que você no processo de **autoconhecimento**. Você inevitavelmente será transformado.

2. Sempre busque meios de se sentir **confortável**. Todas as descobertas que Bailey fez só foram possíveis porque ela se sentia extremamente confortável – com o lugar, com as pessoas, consigo mesma.

3. Exercite a **autocompaixão**. Tenha compaixão de si e dos outros. Assuma uma postura de gratidão, não de sabe-tudo.

Leve uma dádiva aonde quer que vá

Você já se pegou jogado em casa deslizando o dedo pelas fotos incríveis de seus amigos no Instagram e desejando, torcendo, rezando para receber uma mensagem com um convite para fazer alguma coisa, qualquer coisa? Eu já, e é uma merda.

Em entrevista a um podcast, Radha Agrawal, autora de *Belong*, propôs uma alternativa muito melhor do que esperar que algum amigo tome uma atitude por você. Radha, que também é cofundadora da Daybreaker - que já organizou centenas de festas matutinas regadas a bebidas não alcoólicas para mais de meio milhão de pessoas em 25 cidades de todo o mundo -, partilhou um de seus conselhos favoritos para ajudar a construir uma coletividade: sempre se fazer presente e útil. Não importa o que faça - pode ser cozinhar, oferecer um ombro amigo, até mesmo tirar o lixo -, se você soma, as pessoas enxergam.

Agora, se você não tem motivação para se fazer útil dentro de uma coletividade, são grandes as chances de que ela não seja para você. Assim que comecei a trabalhar no Camp Grounded, tive a consciência de que havia encontrado meu lugar, pois passava horas arranjando as cadeiras ou carregando mesas maciças pelo acampamento, e à 1 da manhã, depois de um dia inteiro movendo objetos para lá e para cá, nem me sentia tão cansado. A alegria de contribuir para o acampamento fazia que o trabalho não parecesse trabalho. Se você genuinamente se anima em fazer trabalhos manuais, em ser útil, é bem provável que esteja no lugar certo.

Tive o mesmo sentimento no Burning Man, evento anual que ergue do zero uma cidade desmercantilizada no meio do deserto de Black Rock, em Nevada. O espírito do Burning Man é o da dádiva, assim como sua economia: em Black Rock City, os únicos itens que se compra com dinheiro são café e gelo; todos os demais são partilhados. Como se lê no site do evento: "Com o intuito de preservar o espírito da doação e da dádiva, nossa comunidade se dedica à criação de ambientes sociais que não sejam mediados por patrocínios, transações comerciais nem propaganda. É nosso dever proteger a cultura do evento de tais explorações. Agimos em defesa da experiência colaborativa, contra o consumismo".

No Burning Man, no intervalo de poucos dias, recebi de completos estranhos: melão, picles, uma fatia de torrada polvilhada com canela e açúcar, um *bloody mary* defumado, pipoca com sal trufado, um cupcake de *red velvet*, uma casquinha de sorvete de laranja, suco de laranja, chai gelado, uma borrifada de lavanda e um banho de vapor.

Levi costumava dizer que a economia do compartilhamento se trata de compartilhar um pedaço de papel escrito à mão, e não de cobrar centenas de dólares para hospedar alguém em seu apartamento ou dezenas de dólares para dar uma carona. O mundo em que vivemos, motivado pelo lucro, se apoia em transações comerciais: você dá dinheiro a outra pessoa, que por sua vez lhe dá algo em troca. Quando doa, quando oferece algo sem esperar retribuição, você quebra barreiras, você transforma vidas. Você gera felicidade. Você contagia as pessoas numa corrente do bem. Você as faz se sentir vivas.

Diferente do que o conceito de "loja de presentes" faz supor, não é preciso haver uma ocasião especial para presentear alguém. Não é preciso ser aniversário de ninguém, Dia dos Pais, nem casamento para dar presente. Não é preciso nem conhecer a pessoa. Quando estamos abertos a dar e a receber, os efeitos são impressionantes. Paramos de julgar os outros. Passamos a vê-los como semelhantes, compreendemos que existe uma consciência coletiva na raiz da humanidade. Uma boa dica para estimular a conexão com desconhecidos é sempre sair de casa com um presente ou uma dádiva. Pode ser um cookie de gotas de chocolate, um instrumento musical, um poema, uma flor, velas, lavanda, sálvia ou qualquer outra erva do jardim, um recado escrito à mão. Essa dádiva pode ser pequena, simples; o que importa é presentear.

Abra as portas de seu mundo

Você já teve que mudar de cidade e sentiu medo? Medo de recomeçar do zero, de fazer novas amizades depois de adulto? Eu já. Desde a faculdade, já morei em Boston, Brooklyn, Buenos Aires, Washington, São Francisco, e agora Oakland. Em muitas dessas mudanças, senti que não tinha a energia mental para lidar com um reinício. Não me imagino mudando de novo, e é por isso que vou dar o meu melhor no lugar em que estou hoje.

Bem, essa mentalidade pode ser um obstáculo, ainda mais se você estiver de fato prestes a se mudar de cidade ou de casa, ou a começar num emprego novo. "Quando alguém me diz que não quer mudar de cidade porque tem medo de começar do zero, sinto uma dorzinha no coração", me disse minha amiga Joanna Miller. Ela já refletiu muito sobre o que fazer para preservar relacionamentos que já existem e superar o medo de se apresentar a estranhos.

Joanna tem como lema o axioma: um desconhecido é um amigo que você ainda não conheceu. Para ela, o dilema de estar entre estranhos reside no fato de que todos desejam se conectar, porém ninguém quer dar o primeiro passo. Então, seu conselho é: abra as portas de seu mundo para os outros.

Em primeiro lugar, **você precisa saber pelo que é apaixonado**. Não fique listando suas conquistas profissionais nem as habilidades que você acha que vão impressionar os demais. Em vez disso, enfatize os temas de que gosta de verdade, as atividades a que se dedica com prazer.

Em segundo lugar, **tente se manter focado na pessoa com quem você está**. Não é o caso – como um primeiro encontro também não é, diga-se – de se perguntar algo equivalente a "Pretendo passar o resto da vida com essa pessoa?"; mas sim algo como: "Estou interessado no que ela está falando? Estou envolvido na conversa? Estou me divertindo?". Se a resposta for sim, passe mais tempo com a pessoa.

Em terceiro lugar, **abra as portas de seu mundo para os outros**. Apresente a desconhecidos os aspectos que você quer dar a conhecer e tente descobrir sobre eles os aspectos que tem curiosidade em saber. A primeira conversa com um desconhecido pode ser tensa. Para superar isso, Joanna guarda na manga algumas perguntas que sempre faz nessas ocasiões. Uma é: "Me conta uma coisa que você gostava de fazer na adolescência e que não pode mais fazer hoje em dia". No caso dela própria, era frequentar lojas de discos com o pai. Se você acabou de se mudar de cidade, tente essa: "Qual é o seu bairro favorito? O que me indica para fazer lá?".

Por fim, **faça do desafio de se conectar com desconhecidos um jogo**. Pense nele como uma aventura. Em seu intercâmbio na Itália, Joanna fez um pacto consigo mesma de, durante as primeiras seis semanas do programa, responder sim a qualquer proposta que lhe fizessem (que não colocasse sua vida em risco, claro). Graças a esse pacto, ela conheceu pessoas em uma cafeteria, saiu para baladas e conheceu melhor o novo país. Outro jogo que ela costumava jogar se chamava Flertando com o Mundo, ou Colecionando Sorrisos; durante o caminho de volta do trabalho, Joanna tentava fazer que o maior número de passantes retribuísse seu sorriso. No começo, ela forçou um pouco a barra: sua encarada intensa demais assustou as pessoas. Então, se deixou levar pela caminhada e pela música em seu fone, e logo estava ganhando muitos sorrisos; quando chegou em casa, contava mais de trinta.

Essas brincadeiras serviram para aplacar seu receio de conversar com desconhecidos e de se lançar em novas experiências. Ela decidiu envolver outros aspectos de sua vida social numa atmosfera de aventura. Em 2014, Joanna estava de saco cheio dos jantares de aniversário em restaurantes obscenamente caros, aos quais os convidados iam exageradamente arrumados e nem conseguiam conversar com o aniversariante. Em seu aniversário, faria algo diferente. Como um de seus programas favoritos é ver o raiar do dia, ela pensou: "E se a gente fosse para algum ponto elevado de São Francisco para assistir ao nascer do sol e dançar?".

Assim nasceu o Sunrise Club. Na primeira segunda-feira de cada mês, Joanna e alguns amigos se encontravam no topo de uma das Twin Peaks, duas montanhas com uma das melhores vistas da cidade; eles faziam piquenique, vestiam fantasias, definiam propósitos para o mês, dançavam, e então partiam a tempo para o trabalho. Qualquer um podia levar amigos ou alguém que tivesse acabado de conhecer. Joanna me contou que alguns dos participantes começaram a namorar, outros fizeram novas amizades, e que o grupo serviu de apoio para alguns deles que tinham acabado de perder conhecidos em um acidente.

O Sunrise Club segue existindo. Joanna decidiu realizar uma edição com distanciamento social durante a pandemia; ela subiu sozinha até o alto de um dos Twin Peaks, mas lá encontrou um desconhecido que também estava celebrando o nascer do sol, e os dois acabaram lendo o mapa astral um do outro.

"Muitas pessoas dão sinais de que querem se conectar", diz Joanna. "Mas estamos programados para ignorar. É preciso se reprogramar para ver os convites que as pessoas nos lançam."

PARTE 2

SEJA UM
AMIGO MELHOR

Antes de tudo, pertença a si mesmo

Depois da linda festa de casamento dos queridos Amber e Farhad, que aconteceu em Marrakesh, eu e alguns amigos ficamos até quase o raiar do sol esparramados em um jardim contemplando o céu marroquino que encimava a cordilheira do Atlas, no qual dava para distinguir cada uma das estrelas da Via Láctea. Um dos presentes lançou uma pergunta que eu não me fazia havia muito tempo: "Pelo que você se admira?". Cada um de nós deu sua resposta; eu disse que admirava minha vivacidade. Admiro minha capacidade de transmitir positividade e senso de realidade em qualquer situação, em qualquer lugar, em qualquer ambiente. Também disse que admiro minha capacidade de fazer os outros sorrirem. Muitas vezes, quando estamos em grupo, nossa única preocupação é nos encaixar, nos adaptar para ser aceitos, e por isso só pensamos no que os outros supostamente esperam de nós. A pergunta me fez perceber que, antes de qualquer coisa, é fundamental estar confortável na própria pele. Em seu livro *Braving the Wilderness*, Brené Brown escreve que pertencimento é, no fundo, pertencimento a si mesmo. Pertencer é ser fiel à própria verdade. "Não fique procurando provas de

FAZER AMIGOS NA ERA DA SOLIDÃO

que você não pertence ao mundo, porque fatalmente vai encontrá-las", ela aconselha. "Não fique procurando provas de que você não é bom o bastante para o mundo, pois fatalmente vai encontrá-las. O valor e o pertencimento de cada um não são atributos a serem negociados com as demais pessoas; são atributos que se carrega no coração."

Pertencimento é uma palavra da moda, que escuto em todos os encontros empresariais de que participo. Mas aprendi seu significado muito antes, ainda criança, nos longínquos anos 1980, por causa de um cara chamado Fred. Um tal de Fred Rogers. Eu assistia ao programa *Mister Rogers' Neighborhood* todo santo dia. Meus pais gravavam os episódios no videocassete, e eu revia as fitas sem parar. Devo ter visto pelo menos 97 vezes o episódio em que Mister Rogers visita uma fazenda de cogumelos.

Uma vez, durante uma viagem de férias em família para Ohio quando eu tinha uns 5 anos, encontramos por acaso um dos fazendeiros entrevistados por Mister Rogers. Ele estava tomando café da manhã no nosso hotel. Corri até o homem gritando: "Senhor Cogumelo! Senhor Cogumelo! Como você conseguiu sair da tevê?!".

Ele olhou bem para mim, sorriu e falou: "Garoto, você não faz ideia de quantas vezes já ouvi essa pergunta!".

O *Mister Rogers' Neighborhood* me mostrou desde cedo que eu pertencia ao mundo, que eu fazia parte, que eu tinha valor, que os meus sentimentos tinham valor. Durante uma audiência no Subcomitê de Comunicação do Senado estadunidense, Fred Rogers usou seu trabalho para defender um maior financiamento à radiodifusão pública e ao seu programa: "Eu dedico a minha expressão de carinho a cada criança, para que cada uma compreenda que é única, singular. Sempre termino o programa com a seguinte mensagem: 'Você tornou o dia de hoje mais especial. E fez isso simplesmente sendo você. Não há ninguém no mundo igual a você, e eu admiro você assim como você é'. Se nós que trabalhamos na televisão pública formos capazes de disseminar a ideia de que é permitido falar sobre os sentimentos e de que é possível lidar com eles, teremos prestado um enorme serviço à saúde mental."

Tanto Fred Rogers quanto Brené Brown nos ensinam que pertencer é, na verdade, o oposto de se adaptar com o objetivo de ser aceito, o oposto de saber dizer "a coisa certa". Trata-se, sim, de saber dizer a coisa certa para você. Trata-se de você conhecer a sua essência. Antes de se preocupar em se fazer conhecer por seus amigos, é vital que você conheça e pertença a si mesmo.

Pouco antes de morrer, em 2003, Fred Rogers, aludindo a Henry James, falou: "Há três caminhos para o sucesso. O primeiro é ser amável. O segundo é ser amável. E o terceiro é ser amável". O que significa ser amável consigo mesmo, com esse ser único que você é? O que significa admirar a si mesmo por sua essência? O que você reconhece em si como sua essência? O que significa amar a si mesmo?

Pense na saúde mental

A minha amiga Emily Anhalt é cofundadora e diretora médica da Coa, um grupo de fitness mental. Sim, treino mental. A dra. Anhalt, que se graduou em Psicologia na University of Michigan e obteve mestrado e doutorado em Psicologia Clínica no Wright Institute, em Berkeley, Califórnia, se incumbiu da missão de remover o estigma que ainda marca a discussão sobre a saúde mental e espalhar a palavra sobre os benefícios que a *aptidão emocional* proporciona para o desenvolvimento pessoal, as amizades, os relacionamentos, assim como, no contexto profissional, para a liderança ou gerência.

"Deixe-me explicar o que chamo de aptidão emocional", diz ela. "Além de desenvolver mecanismos específicos para lidar com ansiedade, depressão, insegurança, ou com os fatos inesperados da vida que fogem ao controle, você deve ser capaz de construir e manter relacionamentos saudáveis. Deve ser capaz de se comunicar de modo eficiente... O desenvolvimento da aptidão emocional é uma atividade contínua que amplia a autoconsciência, afeta positivamente os relacionamentos, melhora as qualidades de liderança e previne dificuldades psicológicas e emocionais. Tem menos a ver com ir a um médico e mais com ir à academia."

Após realizar uma análise interpretativa de centenas de entrevistas com psicólogos e empreendedores, a dra. Anhalt filtrou suas impressões até identificar sete atributos que caracterizam a aptidão emocional em um líder: autoconsciência, empatia, espírito lúdico, curiosidade, percepção aguçada, resiliência e eficiência comunicativa.

Uma das ferramentas mais benéficas para o primeiro atributo, autoconsciência, é a psicoterapia. "Adquirir o hábito de meditar, se aprofundar na prática da ioga ou escrever um diário com a finalidade de se autoconhecer pode trazer ótimos resultados, e eu indico essas práticas, porém às vezes é preciso cavar mais fundo para encontrar um ponto de equilíbrio", explica Anhalt.

Por muitas décadas, a psicoterapia foi associada exclusivamente a casos graves de depressão, luto ou trauma; era um recurso reservado a quem estivesse extremamente infeliz ou fosse extremamente rico. Eu mesmo resisti durante muito tempo à ideia de fazer análise por não estar passando por uma crise existencial evidente; pensava que meus problemas não eram tão importantes ou sérios quanto os de outras pessoas. No entanto, conforme a pandemia se espalhou, gerou-se em mim um enorme estresse e, com o cancelamento das palestras, meu meio de subsistência passou a estar sob risco; assim, comecei a me consultar com um psicólogo, o que me ajudou a lidar com as ansiedades, a me tornar melhor, a me comunicar melhor com minha companheira. Descobri que, como eu, muitas pessoas estavam se sentindo angustiadas como efeito da pandemia: de acordo com o Census Bureau, em maio de 2020, um terço dos estadunidenses, mais de 100 milhões de indivíduos, apresentavam sinais clínicos de ansiedade ou depressão.

Com a terapia, aprendi o valor da escuta ativa, uma importante ferramenta para estabelecer boas amizades. Na primeira sessão, me peguei pensando: "Tudo o que esse cara faz é sentar e me escutar... É por *isso* que estou pagando?!". Lá pela quarta sessão, eu compreendi, foi tipo: "Ahhhhhhhhh, o que esse cara faz é apenas sentar e me escutar. De um jeito único".

É muito salutar poder contar com alguém cujo único propósito é escutar seus sentimentos. "Precisamos mudar a narrativa sobre a terapia: não é algo a que as pessoas devem recorrer somente quando estão doentes, e sim um recurso que devem buscar proativamente para promover o próprio bem-estar", diz Anhalt.

Muitas das pessoas com quem conversei ou que entrevistei para escrever este livro exaltaram os benefícios que a psicoterapia lhes proporcionou relacionados à capacidade de se reconectarem consigo mesmas e de construírem amizades mais saudáveis. Graças a diversos espaços e ferramentas on-line, nunca foi tão fácil encontrar um terapeuta; uma dessas ferramentas é a Ayana Therapy, um aplicativo voltado a grupos interseccionais socialmente marginalizados o qual põe os usuários em contato com profissionais identificados com seus valores e características. Ainda assim, para um incontável número de indivíduos – especialmente os que lidam com traumas relacionados a racismo, discriminação, miséria, situação de rua, dependência química, violência ou homofobia e transfobia –, a psicoterapia continua não sendo uma opção, por não ser acessível financeiramente ou não ser ofertada nos planos de saúde. Hoje, mais do que nunca, precisamos lutar para que os serviços de saúde mental sejam acessíveis a todos.

Coaches de relacionamento costumam dizer que uma pessoa só pode amar outra desde que ame a si mesma, porém a dra. Anhalt faz a ressalva de que, "em isolamento, não existe amor-próprio. Antes de amar, o ser humano é amado. Nos casos em que o indivíduo não recebeu o amor de que precisava, especialmente durante a infância, em geral são os amigos que dão a primeira mostra do que é ser amado". Em outras palavras, a prática da aptidão emocional nos ensina a nos amar, a ser mais abertos e a expressar nossas necessidades. "Quanto mais nos conhecemos, quanto mais entendemos as razões de sermos atraídos por certas pessoas ou para determinados tipos de relacionamento, mais distinguimos quais dessas relações são benéficas", diz Anhalt. Você gostaria de tomar consciência de como se porta dentro dos relacionamentos? Dê um passo de cada vez. Primeiro, siga um dos excelentes conselhos da dra. Anhalt para desenvolver a aptidão emocional: realize semanalmente uma retrospectiva da relação com seu parceiro, colega de trabalho ou amigo. Para isso, revezem-se na resposta a cada um destes três enunciados:

Eu gostei/Você se fez presente para mim/Eu me senti compreendido quando...

Eu me senti deixado de lado/preocupado/frustrado quando...

Uma maneira pela qual podemos demonstrar apoio um ao outro na semana que vem é...

Livre-se das segundas intenções

Jantar e conversar com desconhecidos pode ser uma atividade incrivelmente recompensadora. Meu amigo Raman Frey criou a Good People, que proporciona valiosas conversas e deliciosos banquetes para pessoas que valorizam a autenticidade e que gostam de se conectar com outras pessoas sem um propósito específico. Segundo Raman, os bons amigos que dão nome à sua coletividade representam "a nossa melhor faceta, após nos despirmos de qualquer tribalismo e passarmos a explorar grandes ideias". Raman organizou mais de 250 jantares pela Good People ao longo dos últimos oito anos. Nos mais recentes, as conversas giraram em torno de temas como caracterização e identidade, construção de coletividades, mudança climática, masculinidade moderna, mudança de sistemas, arte. Em cada evento, cuja refeição é preparada por um chef local, ocorre a palestra de um convidado, seguida de uma breve discussão em grupo. Raman considera que a amizade não é um serviço sob demanda, mas que depende, sim, de intenção recíproca. Gosto muito dessa diferenciação, pois ela me alerta para o fato de que perco muito tempo considerando se há alguma vantagem em me relacionar com determinada pessoa ou em comparecer a determinado evento. Nós nos fazemos perguntas do tipo: "Essa pessoa pode ajudar minha carreira?" ou "Esse jantar vai valer o tempo investido?". Ou seja, muitas vezes, escolhemos os lugares que vamos frequentar ou as pessoas com quem vamos interagir a partir do que consideramos que podemos extrair de vantagem – nossas interações se baseiam em interesse próprio. Como seria se, em vez disso, fundássemos nossos relacionamentos na curiosidade e na admiração mútuas? Talvez cada pessoa que conhecemos tenha o potencial de transformar nossa vida, não pelo cargo que ocupa, mas por sua trajetória única.

"O que conta é o amor recíproco, o respeito, a consideração", me disse Raman. "Amizade é o que acontece quando você para de se preocupar com quem faz o quê, ou quem manda em quem. É provável que seja mais fácil ser amigo de alguém que tenha os mesmos valores, mas certamente é mais recompensador ser amigo de alguém com valores diversos. Apenas relaxe, preste atenção, se livre de segundas intenções."

Não posso negar que sou culpado do que Raman condena. Nas conferências, com frequência me pego examinando o auditório em busca daquele indivíduo que poderá me garantir mais palestras, e acabo tratando as interações exclusivamente como meios para determinados fins.

Hoje em dia, nos eventos, me esforço para engatar conversa com a primeira pessoa que me aborda. Assumo uma postura atenta, entusiasmada, curiosa. Presto atenção na fala do outro. Não vou para um jantar com segundas intenções nem com uma lista de objetivos. Meu intuito é me dar melhor com as pessoas, não é me dar bem. Sigo o princípio de Raman, segundo o qual cada pessoa tem algo a nos ensinar.

Exponha-se de peito aberto

Assim que contei à minha amiga Jeanine Cerundolo que estava escrevendo um livro sobre amizade, ela quis dividir comigo como fazia para manter seu relacionamento com o melhor amigo, Mike Stone, que conheceu no primeiro semestre da faculdade, mais de quinze anos atrás.

Fiz a seguinte pergunta a Jeanine: "Quais são os rituais e os hábitos que você e Mike praticam?". Jeanine respondeu: "Ritual é algo que me parece meio forçado, protocolar. Nossa amizade é muito orgânica. O segredo é se fazer presente. É fazer de nossos encontros uma prioridade, mas por vontade genuína, não por uma intenção afetada, resultado de um grande esforço".

Eu adorei essa resposta. Em meio a tantas responsabilidades, a amizade também ganhou peso de tarefa. Entretanto, quando se trata de manter uma, talvez a alegria e a naturalidade sejam mais importantes do que o trabalho ou a estrutura.

Jeanine e Mike me contaram que sua amizade brotou da solidão que ambos sentiam na cidade de Nova York e era como um oásis em meio aos milhões de pessoas se deslocando apressadamente pela metrópole. Segundo os dois, isto é o que faz seu relacionamento ser tão descomplicado:

Jeanine e Mike acreditam que o prazer e a facilidade com que se conectam se devem a um acordo tácito entre os dois: sempre se apresentar "de peito aberto". Ambos sabem que, para se verem, não precisam estar entusiasmadíssimos, não precisam fingir estar alegres nem precisam estar "emocionalmente apresentáveis", pois um sempre está lá para segurar a barra do outro, não importa o que aconteça.

Jeanine e Mike consideram que tudo é melhor quando estão juntos, e eles se divertem em qualquer situação. Como na vez, na França, que tentaram pegar carona sob a chuva enquanto compunham uma música; ou na vez que Jeanine se mudou do dormitório da faculdade e os dois ficaram transportando caixas até as três da madrugada. A alegria está na própria companhia um do outro, e, quando um deles está para baixo, o outro incentiva.

Jeanine e Mike se permitem agir como os seres humanos que são. Podem estar tendo um dia péssimo, mas as coisas logo melhoram se passam um tempo juntos. Eles se respeitam irrestritamente, valorizam os sentimentos do outro e dão espaço para que o outro aja naturalmente. E isso é o que alimenta sua amizade.

Jeanine e Mike não trocam simples atualizações sobre suas respectivas vidas individuais: eles coparticipam nas coisas triviais e corriqueiras da vida.

Jeanine e Mike sabem curtir o silêncio juntos e não se sentem pressionados a falar qualquer coisa apenas para quebrá-lo.

Jeanine e Mike acreditam no potencial um do outro. São entusiastas um do outro. Mas também têm liberdade para puxar a orelha um do outro.

Jeanine e Mike se sentem à vontade para falar de suas conquistas, sem o receio de gerar ciúmes. Do mesmo

FAZER AMIGOS NA ERA DA SOLIDÃO

modo, se sentem à vontade para falar de seus fracassos, pois sabem que serão recebidos com amabilidade e encorajamento.

Jeanine e Mike dão risada juntos, muitas risadas, toneladas de risadas.

Jeanine e Mike não sentem que precisam censurar um ao outro nem pisar em ovos um com o outro.

Jeanine e Mike tomam cuidado para não parecerem controladores ou desnecessariamente duros ao darem opiniões difíceis; eles sabem expressá-las de forma carinhosa e ainda assim direta.

Em resumo, a amizade entre Jeanine e Mike é, para ambos, *um espaço de confiança mútua, seguro*, no qual serão acolhidos independente do estado de espírito.

Com Jeanine e Mike, aprendemos que amizade tem menos a ver com planejar o passeio perfeito e mais a ver com estar na companhia de alguém com quem nos sentimos seguros e abertos a conversar sobre a vida que acontece "entre um acontecimento e outro". Como disse Aristóteles: "Amizade é a arte de apontar um espelho para a alma do outro".

O Facebook e o Instagram nos deixam tão preocupados com os acontecimentos marcantes (conseguir um emprego novo, viajar para um lugar deslumbrante, nos apaixonar, ter filhos) que, quando colocamos a conversa em dia com amigos, costumamos repisar esses acontecimentos celebratórios que já postamos nas redes sociais. Em vez disso, siga o conselho de Jeanine e Mike: faça das amizades um espaço em que você possa entrar de peito aberto e conversar sobre as coisas difíceis e sobre as fáceis – sobre qualquer coisa, na verdade.

Faça das amizades um espaço em que você possa entrar de peito aberto e conversar sobre as coisas difíceis e sobre as fáceis – sobre qualquer coisa, na verdade.

Faça um teste de largura de emoção

Já aconteceu com você de começar um papo denso com um amigo e então notar que ele está emocionalmente exausto e simplesmente não tem a disposição emocional para aquele assunto? É bem frustrante. Meu amigo Evan Kleiman, também conhecido como Bubbles (sim, o Xerife do Bem-Estar!), certa vez me contou da ótima ferramenta que ele e Abbie, sua namorada, usam: o teste de largura emocional. Antes de alguma conversa importante, Evan e Abbie informam um ao outro sua largura emocional numa escala de zero a dez, em que um significa "Eu não comi nada o dia inteiro, fiquei preso/a no trânsito por uma hora, meu chefe foi estúpido comigo e não consigo nem escolher o que quero para o jantar (aliás, você faz o jantar?)" e dez significa "Estou completamente aberto para conversar neste momento sobre qualquer assunto, mesmo sobre o aumento do aluguel e o fato de que talvez a gente precise mudar de casa".

Na próxima vez que quiser ter uma conversa importante e densa com um amigo querido, faça um teste de largura emocional; isso vai lhe permitir medir a disposição dele para escutar e para corresponder ao nível de dedicação e de atenção que você requer no momento.

Encha a bola

Uma das pessoas com quem mais gosto de estar é Christine Lai, uma amiga leal que não mede esforços para ajudar quem ela ama. "A maioria das pessoas segue a regra de ouro", Christine me disse certa vez. "Ou seja, tratar os outros como você gostaria de ser tratado. Só que tem muita gente que se trata que nem lixo. Já eu sigo a regra de platina, que é tratar a si mesmo e aos outros da melhor maneira que você é capaz. Às vezes, as pessoas precisam de alguém que dê ânimo, ou que as jogue pra cima, ou que acreditem no potencial delas quando ninguém mais acredita. A regra de ouro mantém o status quo; a regra de platina é uma mola."

Christine já organizou mais de 300 jantares ao redor do mundo e já colocou em contato mais de 500 pessoas em sua rede profissional. Para ela, que viaja com muita frequência (Christine se classifica como uma "catalisadora geoflexível de colaborações intersetoriais"), os jantares são uma oportunidade de apresentar amigos queridos a amigos de amigos, a fim de precipitar felizes coincidências. Recentemente, perguntei a ela como consegue manter uma relação próxima com tanta gente, ao que Christine respondeu: "Eu faço acontecer". "Se por acaso o Smiley me vem à mente, cabe a mim fazer acontecer, mandar mensagem e arrumar tempo para ele."

Se deu vontade de encontrar determinado amigo, não espere que ele o procure: tome a atitude de entrar em contato.

Christine é tão boa na arte de apresentar pessoas que, quando você chega em casa depois de um encontro com ela, vai se deparar com dois e-mails dela apresentando-o para certa pessoa. Cara, já aconteceu de a Christine me colocar em contato com alguém sobre quem eu nem me lembrava de ter falado com ela! Para fins de comparação, o meu *modus operandi* nesses casos é dizer para um amigo que vou apresentá-lo a um contato profissional importante e demorar seis semanas para enviar um e-mail.

Eis algumas dicas para quando for recomendar profissionalmente seus amigos:

Peça a permissão de ambas as partes. Antes de entupir a caixa de entrada de outra pessoa para solicitar seu precioso tempo ou conselho, ou antes de colocá-la em contato com um estranho, sempre peça autorização.

Faça acontecer. Se prometeu a um amigo que vai recomendá-lo, faça-o, e não demore.

Não exagere. Uma ou duas frases são mais do que suficientes. Acrescente o link do site ou do LinkedIn das duas pessoas, para facilitar.

Contextualize. Por que você as está conectando? Qual é a necessidade ou o interesse mútuos?

Encha a bola de seus amigos. Quando você faz seus amigos parecerem incríveis, você parece incrível.

Veja a forma como Christine me apresentou a Roya há pouco tempo:

ADAM SMILEY POSWOLSKY

Assunto: Apresentação virtual: Roya + Smiley

Oi, Roya e Smiley,

Espero que a semana de vocês tenha começado com tudo!

Conforme conversei com cada um, estou animadíssima para apresentar virtualmente vocês dois (Roya, este é o Smiley, Smiley, esta é a Roya).

Roya, o Smiley [link para o meu site] é escritor e palestrante, além de um amigo querido. Quando você me contou sobre seus projetos, eu imediatamente pensei nele; o Smiley já trabalhou com a Women's Speaker Initiative.

Smiley, a Roya [link para o site dela] e eu nos conhecemos em um jantar ontem. Em parceria com a Galvanize Community, ela tem buscado eventos para difundir entre palestrantes mulheres. Acho que o trabalho de vocês tem tudo a ver e espero que os dois possam costurar algo juntos!

Estou marcando vocês para que conversem entre si. Se houver qualquer coisa que eu possa fazer, não hesitem em me dizer.

Um beijo! Tenham uma ótima semana, Roya e Smiley!

Encontre um closet da confiança no local de trabalho

As amizades no emprego têm se tornado mais raras conforme as empresas espalham geograficamente sua força de trabalho, aderem ao trabalho remoto e usam tecnologias de comunicação em substituição a encontros presenciais. Ao mesmo tempo, a síndrome de *burnout* associada ao ambiente profissional atingiu níveis alarmantes: 70% dos *millennials* já foram acometidos por ela, e 30% dizem estar sempre esgotados. A Organização Mundial da Saúde chegou a redefinir a síndrome para relacioná-la diretamente ao estresse crônico no trabalho.

Fomos ensinados que o escritório não é lugar de amizades, é lugar de trabalhar. Dan Schawbel, especialista em conexões humanas e autor de *Back to Human*, afirma que o ambiente de trabalho é hoje um local em que não há vínculos – 10% das pessoas não têm sequer um amigo no emprego. Dan defende que a tecnologia pode ser uma excelente ferramenta de colaboração entre profissionais que supera as limitações geográficas; porém também defende que, quando no mesmo espaço físico, desliguemos o celular para nos conectar com os colegas e trocar aprendizados.

Uma amiga minha conseguiu cultivar amizades íntimas com três companheiras de trabalho graças ao que ela chamou de closet da confiança (ou CDC). Primeiro, as quatro, que são professoras da rede pública de ensino, criaram um grupo no Messenger para trocar fotos e conversar, principalmente sobre os problemas no emprego. Depois, passaram a se encontrar dentro de um depósito minúsculo na escola, o que lhes permitia falar mais abertamente sobre as questões. Sim, o espaço seguro delas era um closet de verdade! "O que acontece no closet da confiança fica no closet da confiança", minha amiga me falou. "É o que me dá ânimo para enfrentar o dia de trabalho."

Em *The Business of Friendship*, Shasta Nelson afirma que ter amizades no trabalho é benéfico para a felicidade, a saúde e a satisfação profissional e que os melhores empregados são aqueles que têm um grande amigo no serviço. "Nosso objetivo é que mais pessoas se sintam percebidas de modo acolhedor e positivo pelas pessoas com quem mais interagem: os colegas de trabalho", diz ela.

Aproxime-se de um ou dois colegas nos quais você confie e então ache um local secreto e seguro – pode ser um closet, uma sala de reunião, a escada de emergência, uma cafeteria na redondeza, ou mesmo um grupo em um aplicativo de mensagem – onde vocês se sintam à vontade para conversar sobre o trabalho e assim possam se apoiar.

Passamos um terço da vida trabalhando. Criar relacionamentos próximos com os colegas de trabalho é um caminho para ser um empregado mais dedicado e um ser humano mais completo.

Saiba dizer não

Acho que a maior diferença dos 20 para os 30 anos é que, aos 20, a gente diz sim para qualquer convite.

Happy hour na quarta-feira? "Claro!" Barzinho hoje à noite? "Ahhh, não aguento mais beber, mas bora lá gastar dinheiro para ficar destruído amanhã." Brunch?! "Com certeza, nada me agrada mais do que pagar muita grana por um ovo mexido que eu posso fazer em casa." Filminho na minha casa no domingo de noite? "Hmmm, estou de moletom e com nenhuma vontade de pegar o carro; chego aí em uma hora."

Amadurecer é responder "Não, vou passar desta vez" para convites dos amigos, mesmo que sejam tentadores. É não sair de casa na sexta à noite e deitar às nove, simplesmente porque é o que você está a fim de fazer.

Ser um amigo de verdade não é fazer tudo o que o outro sugere ou pede, mas sim ser honesto consigo mesmo e se priorizar.

Ao ser capaz de dizer não mais vezes, você vai passar a dizer sim para as coisas e pessoas que realmente têm valor.

Seja menos vago

Nascido na Costa Leste dos Estados Unidos, fico indignado com a maneira como as pessoas na Costa Oeste costumam (não) marcar encontros. Na Costa Leste, se você quer sair com alguém e esse alguém quer sair com você, ambos dizem "Beleza, vamos fazer algo na sexta", e pronto. Na Costa Oeste, se você quer sair com alguém, são grandes as chances de não saber se a pessoa quer de fato te encontrar também ou se está falando da boca para fora que quer encontrá-lo, porque lá ninguém estipula uma data específica, e vocês dois podem se encontrar por acaso na rua durante seis meses sem nunca combinarem formalmente sair juntos.

Na baía de São Francisco, onde morei por quase dez anos, é mais ou menos assim que as coisas acontecem:

Eu – E aí, amigo! Quanto tempo! Você está ótimo! Que bom te ver!

Amigo – Smiley! Caramba! Nem me fala! Bom te ver também! A gente precisa combinar algo qualquer dia desses!

Eu – Sim! Estou com saudades de conversar com você!

Amigo – Eu também, cara!

Eu – O que você acha de a gente se encontrar no próximo sábado?

Amigo – Hummm, sábado?

Eu – Sabadão! Já vamos deixar combinado.

Amigo – Hummm... É... Hummm...

Eu – Você tem algo marcado no sábado?

Amigo – Hummm... Não sei.

Eu – Não quer olhar sua agenda?

Amigo – Hummm... Não sei.

Eu – Sua agenda está no seu celular, não? E o seu celular está no seu bolso, não?

Amigo – Hummm, é que... Não sei se consigo no sábado. Vamos deixar em aberto e a gente se fala na semana que vem, pode ser?

Eu – Você falou a mesma coisa na última vez que a gente se trombou. Vamos marcar. E no outro sábado, rola para você?

Amigo – Sem ser no próximo sábado, no outro?

Eu – Isso.

Amigo – Hummm... Não sei se consigo. Vamos deixar em aberto e a gente se fala daqui a duas semanas, pode ser?

O negócio é o seguinte: se tem interesse, você arranja o tempo e as circunstâncias para encontrar alguém. Simples assim. Se não está a fim de sair com uma pessoa – ou se sua prioridade no momento são outras pessoas ou projetos –, diga a verdade para ela. Não tem nada pior do que mentir sobre isso.

Fale o seguinte:

Estou muito feliz de ter te encontrado por acaso, amigo! Não posso combinar de sair porque estou totalmente absorvido por [complete aqui], mas, assim que esse período passar e eu estiver mais tranquilo, vou te mandar uma mensagem.

Sendo mais honesto nesse sentido, você vai distinguir melhor o que é importante na sua vida e o que não é tão importante assim. Vai passar a cultivar o relacionamento com aquelas pessoas que honram os compromissos. Vai parar de perder tempo com enrolões e se dedicar genuinamente às pessoas e aos encontros.

PARTE 3

INVISTA NA AMIZADE

Comece devagar

Já aconteceu mais de uma vez comigo de ir a um evento de *networking* e, ao final de uma hora, o organizador clamar que agora todos os participantes são melhores amigos. Ao que parece, tenho cem novos amigos... e não conheço absolutamente nenhum. Acho esse tipo de atitude contraproducente tendo em vista o objetivo de agir com mais consciência dentro dos relacionamentos. Participar de muitos eventos e atuar ativamente na construção de uma coletividade é ótimo, mas o simples fato de estar no mesmo ambiente que outra pessoa não faz você automaticamente dever a ela satisfação ou o que quer que seja.

Amizade é uma construção que leva tempo. Tipo: "A gente passou uma hora juntos. Eu mal te conheço. Foi legal conversar com você e dividir uma salada de couve *kale*, e pode ser que a gente faça alguma coisa um dia desses, mas não, cara, não somos melhores amigos. Não somos nem amigos ainda".

Minha amiga Eva recomenda a prática da "amizade passo a passo": quando conhecer alguém que pareça ser legal, em vez de forçar a barra, construa a amizade devagar.

FAZER AMIGOS NA ERA DA SOLIDÃO

Pergunte se ele quer dar uma volta algum dia ou combine de vocês saírem. Convide para um evento. Envie um artigo de que ele vá gostar. Conforme vocês passem tempo juntos, talvez a chama da amizade comece a brilhar com mais intensidade. Em uma de suas SuperSoul Sessions, Brené Brown faz uma ilustrativa analogia com um pote de bolinhas de gude para explicar como se constrói confiança entre duas pessoas: o pote é o recipiente de confiança da relação, que você edifica a cada bolinha que adiciona; a questão é que só é possível encher o recipiente se houver muitos pequenos momentos de afeto, intimidade e convívio ao longo do tempo.

De fato, uma pesquisa realizada por Jeffery A. Hall, professor adjunto de Estudos Comunicacionais na University of Kansas, estima que seja preciso passar pelo menos 90 horas com alguém para que se passe a considerá-lo um amigo. Mais especificamente, o estudo diz que são necessárias 15 horas de convívio para passar de conhecido a amigo de ocasião; por volta de 90 horas para se tornar amigo de verdade; e mais de 200 horas para se tornar amigo íntimo e ter uma conexão emocional.

A confiança não acontece da noite para o dia, nem tampouco a amizade.

Sempre marque um segundo encontro

Conhecer uma pessoa realmente interessante, um potencial amigo, é raro, e, quando acontece, é preciso aproveitar o embalo. Mas como? No caso de um *date*, se o primeiro encontro for bom, você convida para um segundo: se a conversa fluiu durante um jantar, a próxima vez pode ser uma sessão de cinema ou um show. E no caso de um amigo? Você convida para jantar infinitamente?

Meu amigo Sahar Massachi, engenheiro de dados e de software, arquiteto de marketing digital e organizador local, é uma das pessoas mais socialmente ativas que conheço. Sahar acredita que, para dar embalo a uma amizade, é preciso revelar sua intenção logo de cara. "Eu tenho um cartão de amizade em vez de um cartão de visita", ele esclarece. Na frente, está escrito "Vamos ser amigos" e, no verso, seu e-mail, telefone e a frase "Programar dados, derrotar o mal". "Passar meu contato também significa menos encanação para mim", ele diz. "Se a pessoa quer falar comigo, ela pode tomar a iniciativa de ligar." Ele entrega o cartão de amizade a qualquer pessoa interessante que conheça; também tem um

FAZER AMIGOS NA ERA DA SOLIDÃO

evento fixo em seu calendário: todo mês, Sahar marca um piquenique no parque ou um jantar para o qual convida todo mundo que conheceu recentemente e, claro, aqueles que já são seus amigos. Dessa maneira, tem na manga um segundo "encontro" para chamar alguém que queira apresentar ao seu círculo. Além disso, ele cria oportunidades para que os recém-conhecidos se tornem amigos de seus outros amigos e, assim, gera novos laços e possibilidades de colaboração.

O método de Sahar corresponde à observação da psicóloga e estudiosa da amizade Marisa Franco, segundo a qual a repetição é um dos principais caminhos para fazer novos amigos. "Não basta dar as caras", ela diz, "é preciso dar as caras repetidamente no mesmo evento ou grupo." Essa atitude tem relação com um princípio psicológico conhecido como efeito de mera exposição, ou princípio de familiaridade, que preconiza que, quanto mais vemos uma pessoa, mais nos afeiçoamos a ela. Por esse motivo, a dra. Franco recomenda a participação em atividades constantes, como clubes de livro, grupos de improvisação ou cursos de língua – ou o jantar mensal organizado por Sahar –, em comparação a ir ao bar ou a um evento único, pois, naquelas reuniões, as repetidas interações podem dar origem a fecundas amizades.

No caso de Sahar, o desejo de criar vínculos no mundo off-line influenciou seu comportamento on-line: com frequência, ele age como um "mexeriqueiro da vaga alheia", como diz, e abre espaço em seu Facebook para que os conhecidos que estejam procurando emprego e também os que estejam contratando se manifestem. Essa atitude deu tão certo que ele criou uma *newsletter* e organizou uma equipe de voluntários para filtrar as respostas com o intuito de pôr em contato as pessoas em busca de emprego e os anúncios de vaga, assim como as pessoas em busca de moradia e as pessoas em busca de companheiros de casa, e os amigos solteiros em busca de um relacionamento.

"Para mim, é difícil saber quem são meus amigos próximos", Sahar me falou, "ou manter um núcleo constante de amigos se fico me deslocando por aí. Acho que a amizade só é possível quando você sabe que vai voltar a ver a pessoa no futuro. Por isso tento criar alguma referência de regularidade para o grupo."

Em nosso último encontro, Sahar e eu, caminhando pela Valencia Street, no bairro de Mission, entramos em uma de minhas livrarias independentes favoritas, a Dog Eared Books. Ele sugeriu: "Vamos fazer uma troca de livros?". "Como assim?", perguntei, e Sahar explicou: "Você me dá de presente um livro que acha que eu vou gostar, e eu te dou um que acho que você vai gostar".

Adorei a ideia de entrar numa livraria com um amigo e comprar um livro de presente, em vez de apenas indicar uma leitura. Ao fechar a compra, a caixa ainda falou que éramos dois fofos, e eu e ele saímos da loja com um presente cada. Ganhei meu fim de semana.

Pedi a Sahar que partilhasse comigo seu principal conselho em relação à amizade. "Organização", ele falou. "Organização e ativismo, essas duas coisas me possibilitaram conhecer muitas pessoas maravilhosas. O esforço para se livrar de certos pensamentos e comportamentos faz bem para o espírito. A gente aprende a se responsabilizar emocionalmente pelo outro. Aprende maneiras de discordar. De trabalhar em conjunto com um objetivo único. O mundo é assolado por corrupções de todo tipo, e é necessário reagir. Alimentar uma visão de futuro é um componente essencial da natureza humana."

Aprofundar, em vez de multiplicar relações

Embora conhecer pessoas novas seja importante – especialmente quando você deseja expandir seu círculo social ou se acabou de se mudar para uma nova cidade –, um de meus objetivos no último ano foi dedicar tempo e esforço a estreitar laços com os amigos já íntimos, e não a começar novos relacionamentos. Minha vontade era simplificar as coisas, e para isso decidi me aprofundar nas relações, em vez de multiplicá-las.

Desde 2012, o ano em que me mudei para São Francisco, participei muito ativamente dos diversos grupos de que faço parte, e o esforço para manter dezenas de relacionamentos rasos cobrou um preço; durante a pandemia, percebi que a energia mental que me restava era suficiente apenas para os amigos próximos. Essa minha sensação corresponde à conclusão do relatório *State of Friendship in America*, realizado pela Lifeboat, de que os amigos íntimos são os que têm mais valor. "A questão fundamental reside não na quantidade de relacionamentos, e sim na qualidade", afirma-se no relatório. A preferência por amizades profundas em vez de numerosas foi manifestada pelos entrevistados numa proporção de mais do que dois para um, independente de idade, localização ou ideologia.

Shasta Nelson, ex-pastora e estudiosa do tema da amizade, considera que há três fatores que todos devemos exercitar para aumentar a intimidade nas relações: positividade, consistência e vulnerabilidade. No livro *Frientimacy*, ela afirma que, para que amigos se sintam satisfeitos, eles devem cultivar a positividade entre si. Para se sentirem seguros, devem cultivar a consistência. Para se sentirem percebidos, devem cultivar a própria vulnerabilidade.

Uma pessoa com quem tenho uma relação muito intensa é minha amiga dos tempos de faculdade Kelly McFarling, uma música extraordinária. Hoje em dia, não nos vemos com tanta frequência, já que Kelly sempre está em turnê pelo país e eu também sempre estou com o pé na estrada por causa das palestras; no entanto, quando ambos estamos na mesma cidade, temos nosso "encontro profundo", como Kelly chama. São encontros em que, não importa quanto tempo tenha passado, se seis meses ou mais de um ano, não há qualquer hesitação, qualquer embaraço; é como se você e a outra pessoa nunca tivessem se afastado.

Recentemente, fui de carro até Bolinas, na Califórnia, para um desses encontros com Kelly. Nós alugamos uma cabana na floresta, e lá passeamos com seus cachorros, cozinhamos à luz de velas porque acabou a energia elétrica, fizemos uma festa do pijama, preparamos o café da manhã. Nosso encontro cumpriu plenamente os três requisitos de Shasta para cultivar a *intimizade*. Foi animado, foi gostoso, foi *positivo*; passamos a maior parte dos dias rindo. Nós nos sentimos seguros graças ao propósito e à *consistência* com que cada um tratou o combinado de nos encontrarmos. E nos sentimos percebidos, enxergados, pois abrimos o coração sobre as questões *vulneráveis* que estavam acontecendo em nossas vidas.

Aqui vão cinco atitudes para tentar seguir a fim de ter um encontro profundo com um amigo próximo:

1. Faça-se presente. Deixe o celular de lado e realmente desfrute da companhia de seu amigo. Uma coisa legal dos encontros com meus amigos que têm filhos é que sou obrigado a me manter ligado nas crianças; não dá para afastar o olhar ou se perder no abismo de vídeos de gatos. **2. Não se comprometa com mais nada.** Não tem nada pior do que encerrar um encontro por causa de algum outro compromisso ao qual você nem mesmo quer ir. Se vai encontrar um amigo, deixe a agenda do dia livre; não coloque obstáculos à espontaneidade. **3. Não escolha qualquer lugar.** Um encontro profundo deve acontecer em um lugar especial. Uma cachoeira, uma praia, um jardim secreto, uma pequena viagem de carro, um Airbnb fora da cidade: todas essas opções são mais interessantes do que a cafeteria aí do lado. Planeje uma experiência digna de viver com alguém especial. **4. Planeje uma festa do pijama.** Lembra como as festas do pijama eram divertidas? Você e seus amigos podiam comer pipoca à vontade, discutir sobre qual filme iam assistir, rir das fofocas antes de dormir, preparar panquecas no café da manhã. Precisamos de mais festas do pijama não românticas para adultos! No próximo encontro profundo com um amigo, planeje uma festa do pijama para vocês aproveitarem por muito mais tempo. **5. Vá além dos acontecimentos instagramáveis.** O que está no *feed* do Instagram, todo mundo já sabe. Em vez de "Mano! E o México, me conta!", pergunte a seu amigo se ele está gostando de alguém, como está sua família, se tem algo tirando seu sono, ou quais são suas metas para o próximo ano.

Valorize o encontro a dois

Já aconteceu de você chegar a um encontro cheio de expectativa para botar o papo em dia com um amigo que não vê faz tempo e se deparar com uma terceira pessoa? "A Rachel não tinha planos, então resolvi chamá-la pra jantar com a gente. Vocês vão se dar bem que eu sei. Eba!", dirá seu amigo. É muito desagradável. Se você combinou um encontro a dois com a pessoa, respeite o combinado. Assim, a conversa será mais íntima, pois haverá mais tempo e espaço para falar de assuntos importantes ou contar em detalhes as novidades. Quando há um terceiro, você perde um tempão colocando-o a par dos acontecimentos ou explicando o contexto ou as piadas internas.

A cada passagem de ano, para estreitar os laços com as pessoas que mais ama, minha amiga Logan estabelece a meta de fazer uma viagem a dois com pelo menos cinco amigos diferentes – só ela e o amigo, sem outra companhia. "Num encontro de algumas horas, você gasta o tempo todo só contando as novidades", ela explica. "Numa viagem, você resolve essas formalidades e depois pode falar sobre a vida de fato. No segundo ou terceiro dia, vai estar falando sobre muitas coisas que não falaria durante um brunch." Isso me faz pensar nas palavras que Sherry Turkle escreveu em seu livro *Reclaiming Conversation*: "Um diálogo olho no olho é a atividade mais humana – e humanizadora – que há. Ao nos fazer plenamente presentes, aprendemos a escutar. É nesse espaço que desenvolvemos a empatia. É nele que vivenciamos a alegria de ser escutados e compreendidos".

Na faculdade, você só quer que todos sejam amigos de todos – tenho boas memórias de percorrer o campus convidando cada pessoa que encontrava para a mesma festa. Conforme envelhece, você entende que nem todo mundo precisa ser amigo e que nem todos seus amigos precisam se gostar. As melhores amizades são aquelas que se desenvolvem à sua própria maneira. Valorize o encontro a dois; é um caminho para aumentar a intimidade e a intensidade dos relacionamentos.

As melhores amizades são aquelas que se desenvolvem à sua própria maneira.

Saiba quem faz parte de seu círculo

Na vida a.F. (antes do Facebook), era bem mais simples apontar quem eram os amigos de verdade. O Facebook causa um embaralhamento entre os amigos que você ama profundamente – aqueles que você quer ao seu lado conforme os anos se passam – e indivíduos que conheceu na semana passada. Todos são o mesmo avatar com uma foto de rosto. Mas bem sabemos que nem todos os amigos são iguais. Casper ter Kuile, especialista em formação de coletividades, diz: "A gente precisa saber quem vai se encarregar do nosso bolo de aniversário. Quem são os meus cinco amigos do peito?". Minha amiga Lauren Weinstein recomenda fazer uma representação visual das amizades chamada Círculo dos Amigos; para isso, você desenha anéis concêntricos ao núcleo com seu nome, sendo que cada anel representa um grau de intimidade com as pessoas que fazem parte de sua vida.

No primeiro anel, fica sua família, aquela em que você nasceu ou aquela que escolheu. No segundo, os amigos íntimos, que são como família também; Lauren denomina esse anel Nível 1: trata-se dos amigos mais amados, aqueles que nunca deixam você na mão, aqueles que seriam seus padrinhos e madrinhas num possível casamento (se você decidir ter padrinhos e madrinhas), aqueles a quem você recorre quando está na pior. No terceiro anel (Nível 2), estão os amigos próximos, isto é, aqueles com quem você tem um vínculo forte, cuja vida acompanha, mas com quem não se comunica com tanta frequência quanto com os do Nível 1.

No quarto anel (Nível 3), o mais periférico, ficam os amigos de sua rede social expandida. São pessoas bacanas com quem você passou bons momentos ao longo dos anos, com quem tem uma ligação de afeto, pessoas que você fica feliz em encontrar de vez em quando, em visita à cidade onde moram ou em uma festa em sua casa, mas com quem não mantém contato regular. Lauren faz uma coisa interessante, que é dividir esse quarto anel de acordo com a localização geográfica e a vivência (faculdade, intercâmbio, diferentes cidades, diferentes empregos etc.), ou seja, de acordo com os grupos de todos os lugares e experiências que ela viveu.

Importante: note quem são as pessoas que não entram em seu Nível 3. Isso não significa que elas não prestem ou que você não ligue para elas, apenas que não são uma prioridade neste momento. Quando fiz meu Círculo dos Amigos, escrevi no verso da folha o nome dos indivíduos que não estão no Nível 3, mas que considero legais e que quero manter no meu radar, ainda que nunca nos falemos – é a minha lista de Humanos Legais. São pessoas agradáveis que conheci em alguma conferência ou evento, ou através das mídias sociais ou de um amigo em comum. É bom saber que esses Humanos Legais existem, apesar de eu não os conhecer tão bem, e estou tranquilo com o fato de que nunca seremos amigos íntimos. Sou grato por ter tido a oportunidade de conviver brevemente com eles e só desejo o melhor para todos.

O Círculo dos Amigos é um exercício muito útil para reconhecer as amizades em que você mais deve investir seu coração. Se julga não ter nenhum amigo de Nível 1, talvez seja um sinal de que precisa estreitar o vínculo com alguém querido. Já se você considera de Nível 1 alguém que, por sua vez, não tem você como um amigo íntimo, claramente há um desajuste na amizade e vocês devem conversar sobre isso.

Quem faz parte do seu Círculo dos Amigos?

Tenha menos amigos de Facebook

Eu me cadastrei no Facebook quando ainda morava em Buenos Aires, na Argentina, em 2008. Achava bizarro quando alguém que eu tinha acabado de conhecer num bar me dizia: "Você tem Facebook? Vamos ser amigos!". O lado bom é que, mais de dez anos depois, continuo tendo notícias dessas pessoas que vivem a milhares de quilômetros de distância de mim. Por outro lado, tenho dezenas de amigos de Facebook que vi uma vez na vida, ou seja, tenho amigos que não são de fato meus amigos.

Uma pesquisa antropológica sugere que a limitada capacidade cognitiva do cérebro permite que um indivíduo tenha relações estáveis com menos de 150 pessoas. Chamada de número de Dunbar, essa proposição foi feita na década de 1990, muito antes da existência do Facebook (ou mesmo do MySpace!) (ou do Friendster!!), pelo antropólogo britânico Robin Dunbar. Ele mesmo explica: "É o número de pessoas com quem você se sentaria sem constrangimento para um drinque se as encontrasse por acaso num bar".

Há quem diga que 150 é um número alto demais para relacionamentos mais profundos; existem pesquisas que mostram que, geralmente, vínculos fortes são observados em grupos de afinidade formados por 10 a 15 indivíduos. Hoje, porém, estamos conectados a centenas, talvez milhares de pessoas – como eu e meus 4.867 amigos de Facebook. Alguém genuinamente espera que eu mantenha um relacionamento com essa quantidade de pessoas?! É evidente que não mantenho. É de se pensar se o número de amigos que tenho no Facebook tem menos a ver com a qualidade das minhas relações sociais e mais com o tempo que passo postando.

O Círculo dos Amigos foi útil para Lauren Weinstein ter claro de quem queria ser mais próxima, quem era importante para ela. Lauren se deu conta (a) de que ter o *feed* do Facebook inundado de pessoas semidesconhecidas diluía o potencial dos vínculos verdadeiros, (b) de que a maioria de suas conexões na rede eram indivíduos que ela tinha adicionado com o único intuito de formar uma rede profissional, e (c) de quem eram as pessoas com quem queria passar tempo na vida real, e não no Facebook.

Para decidir quem adicionaria ou aceitaria como amigo no Facebook, ela passou a se fazer a seguinte pergunta: "Se encontrasse por acaso essa pessoa na vida real eu iria querer sentar e conversar com ela?". Às vezes, ela entrava no Facebook e se deparava no *feed* com alguém que a fazia pensar "Quem é esse ser?". Houve uma vez que de fato passou pelo ser na vida real e, como ele nem sequer parou para cumprimentá-la, ela desfez a amizade virtual.

O parâmetro de Lauren é: "Se encontro a pessoa por acaso, a gente vai fazer alguma coisa? Eu vou querer sentar e trocar ideia com ela? Os lembretes de aniversário do Facebook serviram para que eu me perguntasse se era amiga mesmo daquela gente, se tinha alguma vontade de desejar parabéns".

Lauren me falou que entra de vez em quando no Facebook, mas que a rede social já não tem a mesma importância para ela. "Talvez seja porque estou mais bem resolvida com minhas amizades e comigo mesma, e não adiciono pessoas apenas para fazer *networking*", ela diz. "Como priorizo o vínculo pessoal, o Facebook foi se tornando menos importante como forma de manter as muitas conexões que fiz ao longo dos anos em viagens e no trabalho."

No último ano, passei por algo parecido. Conforme ficava mais claro quem eram as pessoas essenciais para mim, conforme eu me tornava mais bem resolvido comigo mesmo, menos relevante o Facebook se tornava em minha vida. Ficar obcecado com a quantidade de *likes* em uma postagem, ficar averiguando a quantidade de amigos que possuo, ficar rolando um *feed* cheio de "amigos" que nem sequer conheço: tudo isso começou a me parecer uma enorme perda de tempo.

Pague a conta

Quando sai para jantar com um amigo, vocês dividem a conta ou um dos dois paga? Eu tinha como regra dividir; me parecia a forma mais justa para que ninguém arcasse com uma conta alta. Levava tão a ferro e fogo a ideia de dividir que, se um amigo pedisse um prato mais caro ou um drinque a mais do que eu, fazia questão de que ele pagasse a mais. Além de ser muito desagradável, essa atitude me deixava aflito na hora de receber a conta.

Diversos amigos me mostraram que a experiência se torna muito mais gostosa se você e a pessoa amada se revezam em brindar um ao outro com uma refeição. Por exemplo, de tempos em tempos, Christine e eu combinamos de almoçar fora para contar sobre a vida, sobre o trabalho, sobre os romances; é o mergulho nas águas profundas da nossa amizade: a oportunidade de nos ver, de fazer perguntas sobre questões delicadas, de cobrar alguma promessa ou compromisso feito no último encontro. Sempre comemos em algum restaurante maravilhoso e sempre nos revezamos com a conta. Gosto muito desse costume porque ele funciona como uma maneira de dar continuidade a esses mergulhos na amizade: o desejo de retribuir o mimo gera uma expectativa pelo próximo almoço, sempre. Além disso, é muito bom ser brindado com uma refeição por um amigo, e talvez seja melhor ainda brindá-lo com uma. Se no momento você não está em condições de bancar, fale abertamente. Eu e meu parceiro Ryan sempre decidíamos quem ia pagar os cafés e os *bagels* com salmão defumado com base em qual de nós estava "ostentando" no momento.

Quando o conheci, eu estava desempregado, e Ryan, embora trabalhasse como jornalista free-lancer e atuasse de vez em quando como juiz de queimada para complementar a renda, pagava a conta na maioria das vezes, já que ele estava "ostentando" e eu estava zerado. Passados uns anos, passei a pagar para ele – a não ser nas vezes que Ryan tinha acabado de publicar um artigo importante, porque aí ele ficava tão empolgado que pagava para mim. Essa atitude é mil vezes melhor do que dividir a conta sempre.

Pague a conta para seus amigos, e o efeito será mais gratidão e mais intimidade.

Não pergunte: vá lá e ajude

Recentemente, um amigo deu início ao tratamento de um câncer raro, e eu falei para sua esposa: "Se houver algo que eu possa fazer para ajudar, me diga! Qualquer coisa, cozinhar para vocês, buscar algo, enfim, é só me falar". Como era de se esperar, ela agradeceu, mas nunca pediu nenhuma ajuda. Muitas vezes, o bom amigo é aquele que ajuda antes que o outro precise pedir.

A dra. Emily Anhalt, que já mencionei, ofereceu um bom conselho de aptidão emocional que serve para qualquer tipo de relacionamento: "'Se houver algo que eu possa fazer, me avise' é uma fala bem-intencionada, porém pouco prestativa. Gaste quatro minutos a mais pensando no que você pode fazer para ajudar, e vá lá e faça".

Emily ainda deu as seguintes sugestões:

Para um colega sobrecarregado e estressado: no dia em que ele não tiver tempo para sair para almoçar, compre sua comida favorita e apenas deixe sobre sua mesa.

Para o criador de uma campanha de doação: entre em contato com alguns potenciais investidores e pergunte a eles se pode apresentá-los. E apresente-os.

FAZER AMIGOS NA ERA DA SOLIDÃO

Para um amigo que esteja passando por um momento complicado: envie uma cesta cheia de coisinhas de que ele vá gostar. Para uma nova mamãe: descubra o tipo de fralda que ela compra e mande um pacote. Para qualquer pessoa mesmo: quando ela estiver bem, pergunte como gostaria de ser tratada ou de receber apoio caso algo ruim acontecesse. Guarde essa informação para usar se for preciso.

As sugestões de Emily me fizeram mandar entregar no apartamento de uma amiga que estava se recuperando de cirurgia várias garrafas de seu *kombucha* favorito. Um gesto simples, mas que mostrou a ela que podia contar comigo.

Permute seus talentos

No final de 2018, eu me achava num momento em que me martirizava por tudo que não estava dando certo na minha vida. Eu me penalizava por ter 35 anos e ainda dividir apartamento, por estar assistindo *Simplesmente amor* pelo 11º ano seguido e continuar solteiro, por ser movido por um sentimento de carência na vida amorosa. Foi quando minha amiga Vika Viktoria sugeriu uma permuta de talentos: "E se eu te ajudar com as questões de romance e relacionamentos?", ela perguntou. "Quero colocar a sua disposição minha experiência como *coach* de relacionamento, já que você generosamente dedicou seu tempo a me aconselhar sobre minhas palestras."

Levei a proposta a sério: encontrei-me com Vika em seu apartamento, em Santa Monica, e ela me ajudou a criar hábitos de autoestima, a questionar minhas crenças limitantes sobre o fato de continuar solteiro e a identificar com mais clareza meus valores individuais e aqueles que eu buscava em uma companheira. Ela me ajudou a atingir meu potencial. Ajudou-me a perceber que meu estilo de vida criativo é uma característica atraente; que está em minhas

FAZER AMIGOS NA ERA DA SOLIDÃO

capacidades criar tempo para o que importa; que não devo temer, e sim estar disposto a ser desafiado ou inspirado por uma companheira; que sou um homem amoroso, gentil, belo, engraçado, interessante, agradável, criativo, sensual e devotado; e que existia uma mulher incrível à minha espera, a qual eu não via a hora de conhecer!

Ela ainda me guiou por uma visualização meditativa de uma hora pelo telefone, durante a qual escrevi uma carta de amor à minha futura companheira. Vika me orientou a guardar a carta sob o travesseiro para que, no futuro, quando conhecesse o amor da minha vida, eu lhe entregasse e dissesse: "Sonhei com você muito tempo atrás e escrevi esta carta".

Vika e eu continuamos nos falando por telefone uma vez por mês, mais ou menos. Num mês, ela me liga para contar do progresso de suas palestras sobre as potencialidades da narrativização e sobre masculinidade interseccional, e eu ofereço conselhos para ela melhorar seu site, conseguir mais apresentações e se colocar dentro do ramo das palestras. No mês seguinte, conversamos sobre minha vida amorosa, meu relacionamento, meus sentimentos. Nossa permuta de talentos se baseia na admiração e no propósito mútuos, tanto pessoal como profissional.

Há pouco tempo, Vika me mandou esta mensagem: "Smiley, sou imensamente grata a você. Você soprou o vento que empurrou minhas velas adiante, até mares mais límpidos. Prezo muito a nossa amizade, que ensina e inspira, que nos eleva e nos encoraja a seguir nossos sonhos. Conte sempre comigo. Estou orgulhosa dos incríveis passos que você está dando. Não pare nunca de brilhar. Vika".

Às vezes, precisamos que alguém sopre vento para nossas velas: mais do que um amigo, um *amiguia*. Tente lembrar de alguém que você possa ajudar neste exato momento com seus talentos e suas habilidades. Ressalvo que a contrapartida da permuta de talentos não precisa ser rigorosa. O fato de você ter criado o site, elaborado o plano de negócios, preenchido o imposto de renda ou decorado o quarto de alguém não obriga essa pessoa a ajudá-lo imediatamente. Não é porque você dedicou uma hora de seu tempo que ela necessariamente deverá dedicar uma hora do dela.

Uma de minhas práticas preferidas para ensejar a criação de vínculos em um ambiente físico é montar um mural de Doados e Pedidos. Funciona assim: cada participante escreve em um pedaço de papel três coisas de que está precisando e três coisas que está disposto a oferecer ao grupo, e então todos pregam o papel em um mural, junto com o nome e as informações de contato, para que os demais possam saber suas competências e considerar as possibilidades sem nem precisarem sair do lugar. As pessoas podem oferecer/pedir coisas profissionais, como um novo emprego, capital de investimento ou um novo site, assim como pessoais, por exemplo, conselhos de autocuidado, ajuda para encontrar um novo lugar para morar ou dicas de jardinagem.

Na pandemia, eu e os alunos do meu Grupo de Ajuda para Escritores, um curso de cinco semanas pelo Zoom voltado a escritores que estavam escrevendo um livro durante a quarentena, fizemos um mural de Doados e Pedidos. Na impossibilidade de um mural físico, usamos uma planilha do Google. Cada um escreveu três coisas de que precisava para o livro e três que poderia oferecer aos demais sessenta autores. Imediatamente, aqueles que estavam procurando publicações para mandar propostas de artigos as encontraram. Não se trata de compensação, mas sim de pôr suas habilidades a serviço de pessoas que você quer bem. Trata-se de criar um ciclo virtuoso de mentoria entre amigos. Costumamos buscar no mundo exterior as soluções para nossas questões. Passamos horas procurando na internet as recomendações de um especialista, sendo que talvez possamos pedir ajuda à pessoa ao lado (ou do outro lado da tela, no caso do Zoom). Evidentemente, a permuta de talentos só faz sentido se a sua vontade de participar for genuína; se você não se sente à vontade para ajudar alguém, não se prontifique. Lembre-se da força do não. Uma pesquisa realizada por Adam Grant, terapeuta ocupacional, docente na Wharton School e autor de *Give and Take*, mostrou que indivíduos que oferecem seu tempo com boa vontade são muito mais bem-sucedidos na vida do que aqueles que se aproveitam das ofertas dos outros, aqueles que só pensam na compensação ou aqueles que aceitam indiscriminadamente as oportunidades que aparecem.

Passe o microfone adiante

A romancista Toni Morrison, ganhadora do Nobel de Literatura, disse certa vez: "Nunca se esqueça de que, você sendo livre, a sua verdadeira tarefa é libertar um outro. Você sendo detentor de algum poder, é emancipar um outro". Mesmo tendo consciência de que a colibertação é um trabalho que nunca termina, tenho tentado fazer dessas palavras um mote de vida. Conforme passei a me apresentar cada vez mais em empresas e conferências pelo mundo, tornou-se evidente o fato de que a grande maioria dos principais palestrantes era bastante semelhante a mim, isto é, homens brancos cisgênero – muitos deles bem mais velhos do que eu. Além disso, para minha decepção (mas não para minha surpresa), descobri que muitos eventos dos quais participei como palestrante ou espectador pagavam a palestrantes mulheres ou negros menos do que aos palestrantes brancos que tinham o mesmo nível de experiência.

Houve um caso mesmo em que apresentei o evento junto com uma amiga – não branca – e recebi alguns milhares de dólares, enquanto ela não recebeu nada. E o evento não foi organizado por uma multinacional malvadona, mas por uma associação cheia de bons propósitos que alegava ser a maior defensora da justiça social. Nesse caso, eu me posicionei, e a associação no fim pagou à minha amiga o mesmo que havia pago a mim. Esse tipo de acontecimento não é incomum. Pesquisas mostram que mulheres são convidadas com menos frequência para palestrar nas principais universidades estadunidenses, e a diferença se acentua em relação a mulheres negras. Em estudo da University of California Hastings, 100% das mulheres não brancas que trabalham nas áreas de Ciências, Tecnologia, Engenharia e Matemática disseram sofrer preconceito de gênero na profissão. A cada dólar recebido por um homem, uma mulher recebe 80 centavos; em comparação com um homem branco não hispânico, uma mulher negra ganha 63 centavos, e uma latina, 54 centavos.

Para tentar mudar esse cenário, comecei a dedicar tempo e energia a promover a equidade no ramo das palestras, por meio de ações de incentivo à contratação de mais palestrantes negros e não brancos por parte dos organizadores de eventos – com a exigência de que esses e outros palestrantes de grupos sub-representados recebam valores justos –, assim como estimulando meus amigos palestrantes ao compartilhamento e à divulgação de recursos e oportunidades, principalmente aos colegas de origens diversas. Criada em 2017, a Women/ Womxn, BIPOC, and Inclusivity Speaker Initiative é hoje uma coletividade internacional composta de mais de 4 mil membros que já proporcionou apresentações a centenas de palestrantes, ocasionou aumento na remuneração e, mais importante, estimulou a cooperação entre os profissionais.

Quando retribuímos com generosidade ao mundo, coisas boas acontecem. Quando assumimos aspirações de abundância na relação com nossa profissão, os efeitos reverberam infinitamente. Como diz Lynne Twist, cofundadora da Pachamama Alliance e fundadora do Soul of Money Institute: "Quem é valorizado dá valor".

Conserte o que está quebrado

Não existem protocolos claros de como emendar ou terminar a relação quando se trata de uma amizade entre adultos. Você admite para si mesmo quando já não se sente ligado a um amigo? Você diz claramente para ele que não quer manter a amizade? Ou prefere não dizer nada e deixar essa tarefa para o tempo – o equivalente a ser ignorado por uma paquera do Bumble?

Minha amiga Logan Ury, *coach* e diretora de ciências do relacionamento no Hinge, um app de namoro, me advertiu que as amizades têm altos e baixos, e não há nenhum problema nisso. Não há nenhum problema em se afastar momentaneamente para rever as próprias expectativas na relação. "Mas não é preciso cortar o laço definitivamente", disse Logan.

Pode ser que a pessoa ressurja em outro momento de sua vida, quando você menos esperar. Cortar relações com um amigo é abrir mão de viver diversas possibilidades. Quando se trata de um namoro, insistir por cinco anos em alguém meio nhé significa se privar por cinco anos de conhecer outra pessoa que desperte sentimentos mais intensos em você; já a

FAZER AMIGOS NA ERA DA SOLIDÃO

decisão de não dispensar um amigo não causa grandes prejuízos. Além do que, pode ser que um dia você precise se mudar de cidade e aquele velho amigo seja seu único conhecido no novo lugar.

Logan oferece um serviço peculiar: consultoria em término de namoro, em que ela aconselha o indivíduo sobre terminar ou não, ou seja, ajuda-o a refletir sobre tal decisão. Se o cliente decide por terminar, Logan pensa junto com ele um modo de comunicar que seja tão responsável e respeitoso quanto possível; ela o orienta na elaboração dessa conversa, incumbe-o da responsabilidade de realizar o término e o guia no doloroso período pós-término.

Às vezes, o cliente que procura seu serviço de consultoria em término decide permanecer e perseverar na relação.

Por mais forte que seja a vontade de dispensar um amigo que tenha falhado com você, considere se um projeto de reconexão não vale mais a pena do que o projeto de romper. Em um projeto de reconexão, os dois amigos expõem um ao outro o que consideram que não vai bem na relação, assumem suas falhas e manifestam o que estão dispostos a fazer para recuperar a amizade. Também pode ser que ambos cheguem à conclusão de que aquela amizade não está sendo benéfica no momento e decidam dar um tempo. Esse processo sem dúvida exige mais tempo e esforço do que simplesmente ignorar o outro, mas tende a ser mais satisfatório.

Se você considera que um amigo o sacaneou ou já não lhe faz bem, ou se quer se afastar temporariamente, é importante que diga isso a ele, para se livrar de um peso no peito. Recuperar relacionamentos e agir com integridade faz bem para o espírito. Veja o exemplo de dois especialistas no tema da amizade, Aminatou Sow e Ann Friedman, que escreveram juntos o livro *Big Friendship*, apresentam o *podcast*

Call Your Girlfriend e são melhores amigos e colegas de trabalho há muitos anos: eles decidiram fazer terapia de casal quando sua relação (de amizade) passou por dificuldades. Aminatou lembra: "Chegamos a um impasse; por mais ou menos um ano, ficamos num ciclo em que os dois tentavam reviver a amizade que tínhamos no início, e a coisa não estava rolando. Eu ficava frustrado quando tentava me aproximar da Ann, e ela ficava frustrada quando tentava se aproximar de mim. A gente estava com muita dificuldade de se comunicar, até que, por causa de uma conversa de trabalho, decidiu abrir o jogo; foi tipo: 'Então, eu não estou conseguindo estabelecer uma conversa com você. Como a gente pode resolver isso?'". Tanto Aminatou quanto Ann decidiram fazer tudo o que estivesse ao alcance para recuperar o relacionamento e assim descobriram que amigos também podem fazer terapia de casal – e que a ideia não é tão extravagante como parece. O processo da terapia não foi fácil, mas os ajudou a se comunicar com clareza, a encontrar uma linguagem própria da amizade e a conhecer mais profundamente um ao outro.

Meu amigo Casper ter Kuile, autor de *The Power of Ritual* e cofundador, com Angie Thurston, do Sacred Design Lab, uma consultoria em pesquisa e projeto que tem por objetivo criar uma cultura de pertencimento, escreveu que sua realização mais difícil no último ano foi fazer uma lista dos relacionamentos que ele considerava esvaziados e pensar no melhor modo de restabelecer o vínculo em cada caso. Para algumas pessoas, ele telefonou e pediu desculpa; outras foram objeto de suas orações e meditações.

Casper, com a ajuda de Thurston, se fez quatro questionamentos em relação a cada uma das amizades que desejava recuperar:

1. Qual, em minha visão, é o problema?
2. Qual é o meu desejo para o futuro dessa relação?
3. O que posso fazer para esse desejo se realizar?
4. Que risco essa ação carrega?

Casper percebeu que, em todos os casos em que decidiu estabelecer comunicação, seu gesto foi bem recebido. Em outros, entendeu que fazer contato não seria uma atitude sensata ou proveitosa, porém, mesmo nesses, a reflexão em que se lançou foi benéfica. "Embora esse processo não tenha eliminado magicamente todas as dificuldades, embora eu ainda tenha relacionamentos complicados que preciso recuperar, me sinto mais apto, mais habilitado do que antes", escreveu.

Na era digital, não pensamos duas vezes antes de parar de responder ou de deslizar para a esquerda a foto de um contato potencial. Talvez a tecnologia tenha criado a ilusão de que a amizade perfeita está sempre na iminência de acontecer, assim como o *date* perfeito. Mas, e se não existir o tal amigo perfeito? E se você acabar tendo com um amigo novo os mesmos problemas das amizades atuais? E se a questão for a maneira como você se porta nos relacionamentos? O tipo de conversa necessário para recuperar uma amizade é desgastante, mas o resultado vale a pena. Como escreveu o poeta inglês David Whyte: "Sem tolerância e compaixão, todas as amizades sucumbem".

Viva na cara da morte

Minha mãe é uma enfermeira aposentada que trabalhou por mais de trinta anos no Departamento de Políticas para Veteranos de Guerra, onde ajudava pacientes que combateram na Segunda Guerra Mundial, no Vietnã, Iraque e Afeganistão – muitos dos quais sofriam de estresse pós-traumático e outros graves problemas de saúde. Já no final da carreira, ela trabalhou em uma clínica de cuidados paliativos e atuou ativamente para proporcionar um digno cuidado em fim de vida para veteranos de guerra e seus familiares.

Cuidar de pessoas nesse estágio vulnerável é tão importante para minha mãe, uma sobrevivente de câncer de mama, que ela ainda faz trabalho voluntário na clínica toda semana, mesmo sendo aposentada há oito anos. Sua motivação é permitir aos pacientes que passem os últimos dias de vida com a menor dor e a maior tranquilidade possível e na companhia de entes queridos, e não em um hospital, ligados a tubos e agulhas. Mesmo durante a pandemia, com a proibição das visitas, minha mãe trabalhou no atendimento da clínica realizando telefonemas para os familiares a fim de prepará-los para a partida de um ser amado.

O fato é que nossa sociedade não lida bem com a morte. Evitamos falar sobre ela; preferimos nos convencer de que ela não existe, de que nunca acontecerá. Adiamos as perguntas importantes sobre a morte até que seja tarde demais. Minha mãe faz parte de um movimento crescente que acredita que, se houver mais espaços para falar abertamente sobre a morte, as pessoas se tornarão mais conscientes de suas escolhas de vida.

Criar um tal espaço é o propósito de um dos meus grupos favoritos, o You're Going to Die: Poetry, Prose & Everything Goes, em que indivíduos comuns apresentam escritos, músicas e suas percepções sobre a morte e sobre o ato de morrer. O grupo foi criado em 2009 por Ned Buskirk como uma maneira de reunir os amigos e formar uma coletividade, e as primeiras edições aconteceram no apartamento dele e da esposa, em São Francisco. Ned havia acabado de perder a mãe por um câncer de mama e também a sogra e precisava de um espaço para conversar sobre o luto. Seu intuito com o You're Going to Die era permitir às pessoas que falassem e ouvissem sobre a morte, rissem e chorassem falando dela.

"Meu objetivo com o evento é entender a morte e mostrar para ela que não temos medo de morrer", Ned falou em uma das apresentações, logo após a perda da sogra, em 2012. "Este é um espaço para se aproximar da morte e compreendê-la tanto quanto possível. E também para exaltar a vida, sem melancolia. É um espaço para viver na cara da morte. Para aprender que a morte é uma grande fonte de inspiração. Assim como viver uma boa vida. E amar."

O You're Going to Die não tardou a se transferir do apartamento de Ned para pequenos cafés e então para grandes casas de espetáculo, como o Great American Music Hall, uma das mais lendárias de São Francisco. Em 2020, o evento comemorou o décimo aniversário com uma apresentação no

Independent para 650 pessoas, entre músicos, amigos, contadores de história e membros da coletividade. O YG2D possui agora o selo 501c3 de organização sem fins lucrativos, o que o isenta de certos tributos, e apoia o Alive Inside, um programa prisional que organiza apresentações para que os detentos exponham histórias, poemas e músicas sobre as perdas e suas dores e assim liberem algum espaço para a vida, por mais dura que seja. Também apoia o Songs for Life, um programa voluntário em que músicos oferecem seu talento e sua companhia para pacientes de cuidados paliativos.

Apesar de ter se transformado em um movimento com mais de 25 mil seguidores em todo o mundo, o You're Going to Die ainda tem aquela atmosfera íntima de um encontro entre amigos no apartamento de Ned. Fui a uma edição do evento no Lost Church, um teatro em São Francisco, poucos meses após a morte de Levi; na época, eu estava com dificuldades para lidar com meus sentimentos – um misto de luto, tristeza e gratidão por tudo o que Levi me ensinara –, e ouvir pessoas falando tão abertamente sobre a morte me serviu de alento. Eu não tinha a intenção de falar no palco – tinha ido apenas para escutar –, mas, depois de alguém contar sobre a perda da mãe, alguém contar sobre a perda de um amigo de infância e alguém declamar um poema hilário sobre a perda de um bichinho de pelúcia que fez a plateia gargalhar, me senti impelido a dizer algumas palavras sobre Levi.

Quando deixei o microfone, senti como se um peso enorme tivesse sido removido dos meus ombros. Alguns espectadores vieram até mim para dizer: "Não conheci o Levi, mas parece que ele esteve aqui comigo esta noite. Obrigado". Aquelas pessoas pareciam entender o que eu estava passando. Senti que não estava sozinho. O ar à minha volta se desanuviou. Senti-me motivado a encarar o mundo e deixar Levi orgulhoso de mim.

FAZER AMIGOS NA ERA DA SOLIDÃO

Senti na pele o que Ned quis dizer com "viver na cara da morte".

Ned é um dos homens mais abertos, sinceros e sensíveis que já conheci – ele não consegue falar por mais de vinte segundos sem que comece a chorar ou a expressar seu amor pela vida. Aliás, Ned chorou na conversa que tive pelo Zoom com ele e com Chelsea Coleman, cogestora do You're Going to Die, compositora e contadora.

Na época dessa conversa, Ned e Chelsea estavam de luto por uma amiga que morrera de câncer na semana anterior. Ele a tinha visitado um dia antes de seu falecimento, e Chelsea cantou para seu marido e amigos em uma cerimônia póstuma – foi a primeira vez que ela cantou ao vivo desde o começo da pandemia. Ela me disse: "Foi um lembrete de que esse ofício resiste ao tempo: sempre precisaremos de pessoas que cantem para nós enquanto nossos maridos e amigos deixam cair flores sobre nosso corpo".

A amizade é um dos alicerces do You're Going to Die, não só porque a organização é um espaço onde amigos se reúnem, mas também pelo modo como é gerida. Ned e Chelsea escolheram trabalhar apenas com pessoas que os dois adorem e que tirem o melhor deles. Talvez o hábito de conversar sobre a morte nos ajude a enxergar as pessoas como elas realmente são e a nos cercar daquelas que verdadeiramente queremos ter por perto. Tornamo-nos aptos a enxergar o que está bem diante do nariz. Como bem destacou o escritor nova-iorquino Hua Hsu: "Histórias de amor nos ensinam a assumir um compromisso de vida com outra pessoa. Histórias de amizade normalmente nos ensinam a assumir um compromisso com a própria vida". "A pessoa que vai ao You're Going to Die provavelmente é alguém capaz de ter conversas sobre assuntos difíceis, densos, e não apenas sobre trivialidades", disse Chelsea, que conheceu Nick, seu marido, em um dos eventos. "Fica fácil puxar assunto. Não tem como não se relacionar com o que as pessoas dizem numa apresentação como essa."

"O lugar é um convite a deixar de conversa fiada", acrescenta Ned. "O que você está dizendo é: 'Este sou eu de verdade', e isso faz a plateia querer mais."

PARTE 4

MANTENHA CONTATO

Seja uma diva da correspondência

Uma das primeiras pessoas com quem conversei quando comecei a escrever este livro foi a minha amiga Paloma Cotton-Herman, também conhecida por mim como Diva da Correspondência. Antigamente, quando Pal e eu dividíamos apartamento em São Francisco, ela lançava mão de sua caixa de correspondência – uma caixa de sapato abarrotada de cartões, artigos de papelaria e selos – praticamente toda semana. Como havia mudado de escola no ensino médio e ainda tinha um grupo de amigos das férias de verão na adolescência, Pal desde sempre se desdobrou para manter contato com os diferentes núcleos de sua vida, uma atitude que se tornou ainda mais importante quando, aos 22 anos, se mudou para o outro extremo do país, a milhares de quilômetros de distância da família.

Sempre admirei a dedicação que Pal consagra a seu ritual de correspondência, graças ao qual ela mantém uma relação próxima com diversos amigos de diferentes períodos da vida. Em seu brinde no casamento da filha, Jeff, o pai de Pal, disse: "Pal não é como a maioria dos garotos e garotas de sua geração. Ela tem amigos de verdade, e não amigos de Facebook", e eu concordo inteiramente.

FAZER AMIGOS NA ERA DA SOLIDÃO

Pedi a ela que oferecesse algumas dicas para manter contato mesmo com a distância, e estas foram algumas de suas recomendações:

1. Não seja tragado pela culpa do sumiço. Pal conhece pessoas que se martirizam por não retornarem um telefonema ou por não responderem uma mensagem de texto; semanas e meses se passam, e elas, culpadas pela própria negligência, nunca retomam a comunicação. Há períodos em que, pelas circunstâncias e momentos da vida, mantemos um contato intenso com um amigo, e há períodos em que, pelas mais diversas razões, a relação fica estagnada. Pal entende esses períodos como capítulos no relacionamento e não vê nenhum mal nessa dinâmica; ela apenas aproveita quando uma relação volta a abrir capítulo.

2. Invista na correspondência. Pal brinca que comprar cartões é o seu "hobby mais caro", já que cada um custa entre 4 e 6 dólares e que ela sempre tem à mão 60 ou 75 cartões novinhos (afinal, ninguém quer ser pego desprevenido por uma data comemorativa!). Isso custa dinheiro! Com o tempo, Pal passou a selecionar suas lojas favoritas, ficar de olho nas promoções e comprar de atacado (principalmente cartões de aniversário, de casamento e de felicitações pelo bebê), e o fato de colaborar com pequenos comerciantes e artistas a faz se sentir bem. Ainda assim, Pal vez ou outra compra um cartão especialmente para alguém – ela é conhecida por comprar o cartão de aniversário perfeito muitos meses antes de um aniversário só porque o cartão é a cara da pessoa. E é incapaz de sair da papelaria sem ao menos um cartãozinho novo. O bom é que todo mundo na vida de Pal se beneficia desse costume (principalmente sua esposa, que não precisa sair de casa para encontrar o cartão ideal).

3. Escreva cartas. O anacronismo do hobby de Pal – comprar o cartão, escolher o selo, escrever a mensagem – é mais um ponto a seu favor: o destinatário se sente especial ao receber um cartão escrito à mão em vez das faturas e dos e-mails inúteis de sempre. Na era da supremacia digital, o analógico salta aos olhos. Pal diz que se pega pensando em como teria sido viver na época dos diários e das cartas manuscritas, quando muitos dos momentos tinham cabeçalho com data e hora. Ela acabou de ler *When We Rise*, de Cleve Jones, militante californiano dos direitos dos LGBTQ e dos soropositivos; no livro, ao comentar sobre a correspondência ao longo do tempo, ele sintetiza o sentimento de Pal em relação à arte esquecida: "Sinto falta de escrever e de receber cartas. Havia algo de prazeroso em escrevê-las, em escrever a data e o local, em dobrar, em escolher o papel e o selo. A correspondência postal era uma espécie de arte, o que fazia da troca de cartas uma pequena troca de presentes".

4. Aceite o fato de que cada amigo é um. Para Pal, entender e aceitar as características de cada amigo, inclusive os obstáculos que ele impõe, particularmente no que se refere à comunicação, é uma tarefa importante, embora possa não ser fácil. Há indivíduos que não gostam de receber um telefonema inesperado, de trocar mensagens durante o dia ou de falar espontaneamente sobre assuntos pessoais. Levar em consideração essas características é uma demonstração de carinho que fortalece a amizade.

Envie uma declaração de amor em forma de vídeo

E se você quiser exprimir agora mesmo o seu amor a um amigo que está a milhares de quilômetros de distância? Como você pode se declarar neste exato momento? Você pode enviar uma mensagem de texto, comentar no último *post* dele no Facebook ou mandar uma DM no Insta, claro, mas também pode mandar uma declaração de amor em forma de vídeo para que ele possa ver a intenção estampada em seu rosto.

A Tribute, empresa do meu parceiro Andrew Horn, permite criar facilmente montagens em vídeo para celebrar acontecimentos importantes como aniversários, casamentos ou formaturas, ou para transmitir boas energias a um amigo doente. Após a morte de Levi, Andrew me ajudou a organizar um tributo com mensagens de pessoas de todo o mundo sobre a importância de Levi para elas que mostrei aos pais dele.

Durante a escrita deste livro, recebi um lindo tributo feito por minha companheira para comemorar o meu aniversário de 37 anos; enquanto tomávamos café e comíamos panquecas comemorativas de mirtilo na manhã do dia 29 de junho de 2020, ela me mostrou um vídeo de trinta minutos com lindas mensagens dos meus amigos mais próximos. Foi como se eles estivessem tomando café da manhã ao meu lado. Em lágrimas, fiquei me perguntando como ela tinha conseguido caçar o e-mail de cada um. Foi o melhor presente de aniversário que eu poderia ter recebido, já que não podia estar fisicamente com eles, por causa da quarentena.

Becca, minha irmã, copiou a ideia e fez um tributo para celebrar o aniversário de 1 aninho de Luka, meu sobrinho. O mote foi um conselho para o Luka de 18 anos. Minha irmã só vai mostrar o tributo para ele quando ele fizer 18, e eu já estou ansioso!

Não faz muito tempo, recebi de Andrew uma mensagem de vídeo pelo WhatsApp em que ele dizia: "Amo as pessoas que emanam profundidade e leveza. Pessoas que carregam o peso do mundo num instante e, no outro, peso nenhum. Você é uma dessas pessoas". O vídeo me fez abrir um sorriso de orelha a orelha.

Outra ótima ferramenta para criar mensagens de vídeo é o aplicativo Marco Polo, que descobri no período em que Levi estava fazendo quimioterapia. Nós passamos a nos comunicar pelo aplicativo; era uma maneira de os amigos, mesmo espalhados pelo país, saberem sobre ele e o verem todo dia. Como o cérebro de Levi estava enfraquecido, para ele era muito mais fácil mandar um Marco Polo do que escrever. Às vezes, era só um vídeo de cinco segundos com ele fazendo uma careta hilária. As mensagens em vídeo nos aproximaram, e de vez em quando ainda recebo um Marco Polo de Bluma, mãe de Levi, dizendo que está pensando no filho ou rememorando algum momento gostoso que passamos juntos.

Marque as amizades no calendário

Meu item mais valioso nos tempos de sexta série era um calendário semanal. Enquanto algumas crianças exibiam orgulhosamente seus cartuchos de Super Nintendo e outras seus Reebok irados, eu abria meu fichário e esfregava na cara de todos um enorme calendário sistematizado por cores. Anotava cada evento com os amigos, e tinha uma cor para cada um. Eis por que até hoje me considero um *nerd*. E por que sou apaixonado por calendários. Ainda uso cadernos da Moleskine para planejar a vida, mas recentemente (finalmente) evoluí e passei a usar o Google Agenda.

Para manter uma amizade na era digital, é necessário marcar no calendário todo tipo de evento com os amigos. Está todo mundo tão ocupado que é imprescindível programar telefonemas, caminhadas para pôr a conversa em dia ou reencontros; anotar em um calendário é o primeiro passo para estabelecer um ritual – um evento recorrente, planejado e envolto em expectativa.

Minha amiga Joanna e a amiga dela Jenny fazem periodicamente uma videochamada. Elas anotam o evento no Google Agenda, como se fosse uma reunião de trabalho, porém nessas conversas as duas contam como estão, leem o horóscopo uma da outra, comentam sobre projetos e oferecem um ombro amigo. O ato de marcar no calendário dá caráter oficial ao encontro, como se ele não pudesse ser remarcado.

Nos últimos quatro anos, uma vez por ano, eu e alguns amigos fizemos a Trilha dos Rapazes, um mochilão de cinco dias pela vida selvagem da Califórnia. Já percorremos uma trilha de 80 quilômetros pela cordilheira de Sierra Nevada, outra de 40 quilômetros até as fontes termais de Iva Bell, perto dos lagos de Mammoth, e outra de 30 quilômetros pela costa litorânea de Humboldt County. Apesar dos compromissos pessoais e de trabalho, nenhum de nós fura com a Trilha dos Rapazes porque a marcamos no calendário com mais de seis meses de antecedência. Quando estamos na natureza, perdemos a noção do tempo, não sabemos que dia é, apenas passamos horas às margens de um riacho ou respirando o vapor das águas termais.

Se planejar com antecedência, você poderá passar muitos bons momentos com os amigos. Outra prática interessante é reservar um tempo do calendário para a espontaneidade. "E aí, cara! Estava pensando em você. Sei que a gente não combinou nada, mas está a fim de sair hoje à noite?!"

Volte com a mala
cheia de bons hábitos

Uma das experiências de vida mais edificantes que tive foi estudar em outro país. No primeiro ano da faculdade, vivi em Havana, Cuba, durante um semestre, onde fiz um curso sobre cinema latino-americano. A minha intenção era vivenciar uma cultura completamente diferente. E aprendi que não se deve repetir o senso comum sobre um lugar: é preciso conhecê-lo por si mesmo.

Também aprendi que viagens são muito propícias para fazer novas amizades. Em Havana, me apaixonei perdidamente pela primeira vez. Lá fiz amigos com quem mantenho contato até hoje. Dois deles são grandes amigos há quase vinte anos (chamamos nosso grupo de "Los Tres"), e não há um encontro em que não lembremos com carinho das caminhadas pelas ruas de Havana em meio a carros dos anos 1950, das noites de salsa, das bebedeiras de rum, das cerimônias da *santería*, da viagem de trem pela ilha.

Recentemente, conversei com minha amiga Hayli, que viveu longe de San Diego, onde nasceu, por quase quatro anos; sua decisão de partir se deveu a uma sensação de não pertencimento, de que ainda não havia encontrado seu grupo, do questionamento ao fato de só ter amizades rasas. Curiosamente, ela foi para uma vila remota na ilha de Sumatra, na Indonésia, onde mal se fala inglês.

Em razão da barreira linguística, por quase seis meses Hayli não teve uma conversa propriamente dita, e ainda assim sentia uma forte conexão com as pessoas dali. "A arte era a minha língua", ela rememora. "Tive trocas profundas, quase todas por meio da arte, da música ou da comida, e na minha lembrança são como conversas. Aprendi a valorizar a interconexão, a essência que nos une, que é mais primordial do que a fala."

A vila em que ela desembarcou tinha sofrido uma enchente avassaladora em 2003, a qual matara centenas de pessoas. Hayli logo compreendeu que devia olhar para o modo como aquela comunidade estava se recuperando, se reconstruindo. "Eles estavam lidando com um trauma coletivo", lembra. "Eles se ajudavam, cantavam juntos, não havia casa em que não se ouvisse música. Eles estabeleceram uma cultura de cura, e cada um dava sua contribuição para a comunidade."

Hayli seguiu viagem para Camboja, Vietnã e Malásia, mas já voltou para Sumatra três vezes até hoje. As pessoas que conheceu lá são como uma família para ela, são pessoas com as quais criou um laço tão forte que supera qualquer distância de espaço ou tempo. "Se você já parte de um lugar profundo, essencial, se esse é o ponto de partida", Hayli me disse, "pode muito bem ficar sem ver alguém por três anos e manter a mesma intensidade do primeiro encontro."

As viagens ensinaram Hayli a dar valor às pessoas, receber de braços abertos indivíduos diferentes dela. "Antes de partir, eu não aceitava as pessoas como elas eram, como a soma de seus traumas, suas conquistas, de tudo o que as tinha conduzido até aquele momento", comenta.

Quando conversei com ela, Hayli, de volta a San Diego, estava feliz e sentia ter encontrado seu grupo. Após viver por tanto tempo em lugares com pouco ou nenhum acesso à tecnologia, ela faz da valorização da presença um princípio de vida. Quando conhece alguém, gosta de aproveitar a companhia da pessoa, às vezes até em silêncio. Ela comentou comigo que uma das melhores decisões que tomou foi não levar um chip SIM para as viagens, pois dessa maneira só lhe restava interagir com a realidade mais imediata. "Na Europa, você não vê ninguém pegando o celular em um jantar com os amigos", diz. "As pessoas concentram sua atenção nas companhias." Hoje em dia, quando está com os amigos ou com alguém que acabou de conhecer, ela evita pegar o celular, para se dedicar à pessoa com quem está, como fazia em Sumatra. Aliás, Hayli ainda manda cartões-postais para os amigos de lá, para mostrar que ainda pensa neles, e, quando um desses amigos está passando por uma fase difícil, envia de presente um livro que possa ser útil (ou tenta animar o amigo).

Há uma grande diferença entre explorar um novo país (ou o bairro em que você mora) com a cabeça enfiada no Google Maps, no Instagram ou numa lista de "Top 10 locais" e abrir os olhos para os atrativos e conversar com as pessoas que cruzam sua jornada. Vejo como uma bênção o fato de não ter celular quando estudei em Cuba, em 2003; com certeza, a experiência não teria sido tão intensa se eu tivesse um. "As viagens me mostraram que o mundo não é o cercadinho das redes sociais", falou Hayli. "É tudo o que nos envolve, e, se a gente não se relaciona com o que está à nossa volta, perde um mundo de possibilidades ao alcance da mão."

Tenha um baú de tesouros das amizades

Lembra daquelas câmeras descartáveis amarelas da Kodak? Você levava para a escola, ou para um acampamento, ou para uma viagem, tirava dezenas de fotos e depois precisava esperar um mês pela revelação do filme, que nem você sabia direito o que continha. Eu adorava a sensação de esperar na copiadora, a expectativa de descobrir o que iria sair da impressora. Ver as fotos, as relíquias de uma experiência passada, é quase como reviver a aventura. Ainda era possível colar as fotos em álbuns – nos quais minha irmã escrevia uma descrição e uma nota abaixo de cada imagem. Numa das últimas viagens para a casa de nossos pais, eu e ela passamos horas vendo seus álbuns de fotos do acampamento de verão e rindo sem parar.

Na era das arrumações minimalistas, não é raro jogar fora antigas fotos reveladas na copiadora. A maioria das pessoas só tem um álbum gigantesco no iPhoto, composto de milhares de fotos (que elas nunca vão parar para rever), ou então o limitado *feed* do Instagram. E a vida antes do iPhone? A vida antes do Instagram?

FAZER AMIGOS NA ERA DA SOLIDÃO

Eu gosto de guardar objetos que me trazem alegria. Não quero que todas as minhas lembranças sejam digitalizadas, e é por isso que tenho no armário algumas caixas de sapato cheias de fotos antigas. Tenho o ritual de, uma vez por ano, normalmente entre o Natal e o Ano-Novo, rever essas fotografias enquanto escuto o álbum *Give Up*, do The Postal Service – não há uma vez que não sinta uma enorme nostalgia do começo dos anos 2000. Também sempre abro o meu Baú de Tesouros das Amizades, uma caixa de charutos com lembranças que me remetem a pessoas e lugares que amo. Entre outras coisas, o meu Baú de Tesouros das Amizades guarda:

A foto de um jantar com minha avó, meus pais e Dre, meu melhor amigo, na noite anterior à formatura da faculdade, em 2005. (Dre e eu varamos a madrugada e quase perdemos a cerimônia. Ele perdeu a chave do dormitório e precisou fazer um rapel até a janela do primeiro andar – aos olhos de toda sua família – para pegar a beca e o capelo. Mais trinta segundos e não teríamos chegado a tempo à solenidade.)

O canhoto do ingresso do Jogo 5 da final da Liga Americana de Beisebol, no Fenway Park, em 18 de outubro de 2004. (No que talvez tenha sido o melhor jogo na história do beisebol, os Red Sox venceram os Yankees depois de 14 *innings* e 5 horas e 49 minutos. Dre, de tão emocionado, quase caiu do paredão verde que se ergue em uma das alas do estádio. Após o jogo, ainda encontramos por acaso meu grande amigo de infância, Dan, e o pai dele, Eddie, e eu pulei nos braços de Eddie com tanto entusiasmo que quase o derrubei.)

O canhoto do convite da festa da equipe de campanha de Barack Obama, em 22 de janeiro de 2009. (Arcade Fire e Jay-Z fizeram uma apresentação particular para a equipe, que comemorava a vitória de Obama em Washington, com o coração cheio de esperança.)

Em meu baú, também tenho cartões-postais e bilhetinhos. Sempre que visito meus pais, minha mãe deixa um cartão escondido em minha mochila, e, apesar de ela ter feito isso incontáveis vezes desde que sou criança, cada vez é uma surpresa, e eu adoro me sentar no avião e ler a mensagem. Já até a flagrei colocando o cartão na minha mochila, mas não importa; até hoje, fico na expectativa de ler seus cartões-postais. O meu favorito de todos os tempos é o de um cara segurando uma placa do Fung Wah Bus – o ônibus que eu sempre pegava para ir de Boston até a cidade de Nova York quando tinha uns 20 e poucos anos, porque era o mais barato.

Já jogamos coisas demais fora. Guarde os bilhetes escritos à mão, os canhotos dos ingressos, as fotografias reveladas, aqueles símbolos da amizade que abrem as lembranças de par em par.

Guarde os bilhetes escritos à mão, os canhotos dos ingressos, as fotografias reveladas, aqueles símbolos da amizade que abrem as lembranças de par em par.

Pegue o telefone e ligue

Quantas vezes você já ouviu alguém dizer: "Não sou muito bom em manter contato"? Na era digital, essa fala não passa de desculpa esfarrapada, tanto quanto "É que ando muito ocupado" – ser ocupado não é desculpa para não manter contato com as pessoas amadas.

Pode me chamar de antiquado, mas meu método preferido para manter contato com amigos que moram longe de mim é pegar o celular e telefonar. Programar esses telefonemas é uma boa, porém às vezes eu simplesmente pego e ligo quando me dá vontade de conversar com a pessoa. Se ela está ocupada no momento ou não atende, deixo uma mensagem de voz, para me ligar de volta. Esses telefonemas costumam durar uma hora e são o ponto alto da minha semana – tento fazer pelo menos dois. Gosto de ligar porque tenho dificuldade de me manter parado no lugar e, enquanto bato um papo com um amigo pelo telefone, posso caminhar pela rua, fazer um exercício leve, limpar o quarto, esperar na fila do supermercado ou cozinhar.

Se você acha que não tem duas ou três horas na semana para telefonar para um amigo querido, eu o desafio a conferir

FAZER AMIGOS NA ERA DA SOLIDÃO

o tempo que passa semanalmente nas redes sociais, conferindo o e-mail, lendo notícias ou assistindo a Netflix. Não lhe falta tempo. Como diz Dan Rather: "Sabe aquela pessoa sobre quem você fica pensando 'Eu devia ligar para ela'? Devia mesmo. Ligue".

Pode ser que você não curta muito falar pelo telefone, e tudo bem: o mais importante é fazer contato regularmente com seus amigos para saber como eles estão, talvez toda semana, todo mês, ou a cada dois ou três meses. Adote esse hábito. Siga o conselho de Paloma, a Diva da Correspondência: "Descubra o seu meio preferido! Se não for o telefone ou uma carta épica, mande uma mensagem de texto significativa. Ou um artigo que tenha feito você pensar naquela pessoa. Ou mande um e-mail para todos os seus amigos mais queridos. Já foi provado que manter amizades de todos os períodos da vida, antigas e novas, mesmo que sejam poucas, aumenta a felicidade. Como a gente sempre está mudando, entrando num capítulo novo da vida, esse contato, seja ele mais ou menos frequente, é essencial para mim".

Minha amiga Hana Nobel, em vez de telefonar, envia todo mês para seus amigos um cartão de boas-festas – mesmo quando não é período de festas. O hábito de mandar esses cartões com sua imagem começou na faculdade, e no último ano, de brincadeira, ela perguntou às pessoas se queriam receber um mensalmente. Para sua surpresa, mais de setenta amigos disseram sim. Então, a cada mês, ela manda uma foto sua, às vezes com uma mensagem temática ou outra mensagem que lhe dê na telha. "As pessoas gostam de receber uma correspondência que não seja uma fatura", diz Hana.

Outro grande amigo, Adam Greenberg, na ocasião de seu aniversário de 26 anos, criou um evento no Facebook e propôs aos amigos que escrevessem uma carta de próprio punho, que podia ser curtinha ou enorme, sobre algo que viveram juntos e prometeu responder a cada uma. Ele recebeu mais de cem cartas e respondeu a todas. Hoje, mais de dez anos depois, Adam considera que aquele foi um presente maravilhoso e uma maneira de retomar o vínculo com os amigos.

Escute um CD de cabo a rabo

O que faz uma amizade? Você pode ser amigo de pessoas que tenham interesses parecidos com os seus, ou de pessoas com quem apenas queira ficar de boa. Minha amiga Sara Weinberg me disse certa vez que seu critério de avaliação da amizade é a naturalidade com que você e a pessoa se sentam num sofá e fazem nada juntos. Aproveitar o ócio é uma capacidade que poucos de nós temos hoje em dia; estamos sempre tão ligados no celular, assistindo a vídeos on-line ou sendo consumidos pelas redes sociais que desaprendemos a repousar e apenas relaxar na companhia de alguém. Na faculdade, eu costumava curtir os períodos de ócio ouvindo música com meus amigos – isso no começo dos anos 2000, quando todo mundo tinha dois ou três porta-CDs com toda sua coleção, e quando a compatibilidade da amizade era determinada pela compatibilidade musical.

Lembro de uma festa numa casa que ficava fora do campus da Wesleyan University, na High Street nº 84. Eu estava apenas relaxando no quarto de um moleque chamado Kevin; as paredes eram turquesa e roxas, havia amêndoas defumadas e bala de gengibre na mesinha de centro, estava tocando

Yoshimi Battles the Pink Robots, do Flaming Lips. Eu estava curtindo aquele quarto. Eu e Kevin fumamos um, e dei uma olhada em sua coleção de músicas; folheando o porta-CDs, vi alguns dos meus favoritos: *Homogenic*, da Björk, KID A, do Radiohead, *The Moon & Antarctica*, do Modest Mouse, *Deadringer*, do RJD2, *Michigan*, do Sufjan Stevens, e *Train of Thought*, de Talib Kweli e Hi-Tek.

Acho que naquele dia escutamos de cabo a rabo o KID A e o *Amnesiac*. E eu tipo: "Kevin, mano, acha que rola de me passar as amêndoas e ser meu amigo?". Quase vinte anos depois, Kevin e eu já viajamos pela Argentina, fizemos inúmeras trilhas, oferecemos um ombro amigo após términos de namoro, demos apoio nas mudanças de um extremo a outro dos Estados Unidos. Se a pessoa tem ótimo gosto para música – assim como para petiscos –, se é alguém com quem você se sente à vontade para se sentar no sofá e fazer nada além de escutar um álbum inteiro do Radiohead (ou dois álbuns inteiros), agarre-se a ela e não solte.

Insira a amizade em seu manifesto da família

Você não vai encontrar por aí muitas receitas para manter as amizades após casar/se juntar e ter filhos. Quase todos os papais e mamães com que falei me disseram que sentem falta de ter mais tempo para os amigos. De acordo com Ted e Franziska Gonder, o segredo para uma vida mais feliz quando se é um pai jovem ou de primeira viagem é se dedicar com todas as energias aos filhos – três, no caso deles –, sempre com o objetivo de fazer as melhores escolhas para a família. Quando se conheceram, com 20 e tantos anos, Ted e Franzi eram empreendedores cheios de ambição e totalmente engajados na construção da startup ou do negócio de cada um. Ainda no começo do relacionamento, eles decidiram se mudar para perto dos pais de Franzi, num bairro residencial em Düsseldorf, na Alemanha, não porque seria melhor para seus empreendimentos individuais, ou porque nesse bairro de Düsseldorf morasse a galera descolada, e sim porque era a melhor escolha para ambos tendo em vista o relacionamento e a família.

Ted e Franzi desejavam um relacionamento no qual pudessem se envolver em vários aspectos da vida um do outro, no qual fossem parceiros de vida, e não apenas companheiros de final de semana. O objetivo deles era passar o máximo de tempo juntos dentro desse núcleo familiar e se conhecerem ao máximo.

Essa vontade vinha desde os primeiros meses do relacionamento, antes mesmo de começarem a namorar, quando ainda estavam se comunicando a distância. Eles criaram um arquivo no Google Docs com cinco questões, que cada um respondia semanalmente:

Como você está?
Cite um sonho que você gostaria de realizar junto comigo.
Que característica minha o/a deixa intrigado/a?
Que característica minha você gostaria que eu mudasse?
Cite algo que eu fiz ou falei na semana passada e que você gostou.

Essa troca aproximou Ted e Franzi e os ajudou a delinear o tipo de vida que gostariam de construir juntos. Eles então escreveram um manifesto da família, composto das experiências e dos sentimentos que os dois gostariam de compartilhar no dia a dia. "O amor é uma startup. É uma pequena empresa, com seus altos e baixos, e que deve ter uma missão e uma visão", Franzi explicou.

Essa incrível ideia do manifesto me fez pensar que quase nenhuma família reflete sobre como seus membros gostariam de ser, de viver e de se sentir na convivência entre si. Ou sobre como gostariam de ser percebidos no papel de amantes, pais, amigos, profissionais, cidadãos. O fato de terem estabelecido uma visão clara e de tomarem decisões como se fossem um empreendimento familiar composto de cinco indivíduos permitiu a Ted e Franzi superarem os períodos difíceis, o clima hostil e a solidão causada pela distância que os separava de boa parte de seus amigos íntimos. Por mais que sintam muita falta destes, eles não são solitários; de fato, se sentem socialmente privilegiados. "Sou casado com a minha melhor amiga, e os meus filhos são o máximo", disse Ted. "Quando se é casado com o melhor amigo, nunca falta alguém para conversar."

Em vez de um padrinho ou madrinha cada, os três filhos de Ted e Franzi (Maxi, de 5 anos; Benji, de 2; e Atlas, de 1) têm um *padrinhariado* formado de seis pessoas. Com isso, as decisões familiares mais importantes ganham um viés coletivo e ainda se cria um laço eterno entre a família e essas pessoas tão importantes. Para mim, a escolha de padrinhos e madrinhas não passava de uma antiquada prática religiosa que me remetia à Igreja Católica e também a Marlon Brando, porém hoje diversas famílias estão revivendo essa tradição como uma forma de manter os amigos próximos presentes após o nascimento dos filhos.

Quando meu melhor amigo, Dre, e sua companheira, Manuela, me convidaram para ser o padrinho de Diego, me senti extremamente honrado. Diego está com 3 anos, e eu o vi crescer, pois o visito sempre que vou para Boston; aos poucos, eu e ele estamos criando uma amizade tão forte como a que tenho com seu pai.

Tanto Ted quanto Franzi têm uma *newsletter* relacionada a seus empreendimentos individuais e, além dela, uma da família, com histórias, fotos e novidades importantes, que eles enviam para cinquenta amigos uma ou duas vezes por ano. É uma maneira descontraída de manter contato com os amigos que vivem nos Estados Unidos, demonstrar seu carinho por eles e saber sobre sua vida. Ted e Franzi pensam em voltar aos EUA quando os filhos estiverem mais velhos, e quando puderem prescindir do apoio dos pais de Franzi, e, se os conheço bem, tenho certeza de que tomarão essa decisão tendo em vista o bem-estar de seus melhores amigos: a própria família.

Desenvolva um relacionamento mais saudável com as redes sociais

As treze vezes que fui monitor no Camp Grounded, um acampamento onde não é permitido usar dispositivos tecnológicos, me revelaram um fato curioso: a grande maioria dos participantes toma conhecimento do acampamento pela postagem de algum amigo no Facebook. Irônico, não? As pessoas que participam da experiência transformadora do detox digital jamais saberiam dela se não fosse pelos dispositivos digitais e pelas redes sociais. Tal é a corda bamba em que vivemos.

Em um vídeo viral sobre a epidemia da solidão, o jornalista Johann Hari menciona o trabalho de um dos principais especialistas do tema no mundo, John Cacioppo, para quem as redes sociais poderiam aproximar as pessoas desde que fossem utilizadas como uma pré-parada do encontro presencial. Ou seja, se as pessoas usassem aplicativos e sites para conversar com indivíduos com interesses parecidos, ou para saber sobre experiências impactantes como o Camp Grounded, com a finalidade de se encontrarem com essas outras pessoas no mundo off-line, os dispositivos cumpririam a função de aproximá-las. Agora, se os indivíduos usam os aplicativos para interagir exclusivamente on-line, se nunca saem da frente da tela, se, em resumo, a tecnologia é o destino final e não um mero balcão de informação, ela acaba por agravar o isolamento e seus efeitos negativos.

O meu intuito é possibilitar que você passe o menor tempo possível nas redes sociais, mas não sou ingênuo: a maioria das pessoas, eu incluído, seguirá usando esses aplicativos; o que podemos fazer é aproveitar melhor o tempo gasto nas redes, e para isso trago algumas dicas.

Se abrir é melhor do que se gabar. Não tem nada de errado em celebrar grandes conquistas, muito pelo contrário, mas todos sabemos que a vida é feita de altos e baixos. Em uma época em que passei a me sentir cada vez mais solitário, foi bom conversar com outras pessoas sobre meus sentimentos mais profundos. As conversas me mostraram que eu não era o único a lidar com essas questões; muitas outras pessoas se sentiam como eu, inclusive algumas daquelas que, pelas redes sociais, pareciam levar uma vida radiante. Abra-se para seus sentimentos, converse sobre as dificuldades, os insucessos, principalmente se quiser sacudir a poeira e mudar o rumo das coisas.

Acontecimentos pesados são para profissionais gabaritados. Os amigos de Facebook, por mais bem-intencionados que sejam, provavelmente não são as melhores pessoas para falar sobre fatos graves. As redes sociais são um espaço bastante danoso para quem já não está bem. Quando estiver lidando com algo traumático ou extremamente sensível, procure passar menos tempo on-line e conversar com um psicólogo ou outro profissional de saúde, um familiar ou um amigo em quem confie.

Abra o diálogo, em vez de fechá-lo. O documentário *O dilema das redes*, da Netflix, demonstra que as redes sociais tiveram um papel fundamental na intensificação da polarização e do extremismo na sociedade. Elas não são um espaço feito para discordar respeitosamente. Sutileza, tato e cortesia não costumam fazer sucesso na caixa de comentário do Facebook. Um estudo de 2017 feito pelo Pew Research Center mostrou que *posts* que continham "discordância agressiva" apresentavam duas vezes mais interação do que outros tipos de conteúdo no Facebook. De acordo com outro estudo, este de William J. Brady e seus colegas na New York University, cada palavra de cunho moral ou emocional em um *tweet* aumenta em 20% a possibilidade de este viralizar. Se você participa de discussões sobre política ou outros temas delicados nas redes sociais, tente, sempre que possível, encontrar formas de abrir o diálogo, em vez de fechá-lo. Abra os braços, em vez de fechar os punhos. Evite censurar ou emitir juízos, tente partir da premissa de que a intenção do outro é a melhor possível, ainda que você discorde veementemente de sua opinião. Se quiser dar um próximo passo, pergunte à pessoa se ela gostaria de discutir seus sentimentos off-line, por telefone ou num encontro. Ou então simplesmente comente: "Obrigado por dar sua opinião. Adoraria conversar sobre isso com você fora da internet".

Promova seus amigos. Dê uma pausa no autoelogio para exaltar um amigo que tenha escrito um livro, conseguido um emprego novo, ou esteja arrecadando dinheiro para uma causa importante. Recentemente, decidi que, pelo menos uma vez por mês, vou usar meu Facebook para ajudar um amigo que esteja precisando, o que significa que, se houver alguém em busca de emprego, de uma editora para publicar seu livro etc., vou fazer uma postagem para ajudá-lo. Acionar a própria rede de contatos para favorecer um amigo querido é fazer bom uso das redes sociais. **Distribua elogios.** Ninguém precisa de motivos para elogiar os amigos. Há pouco tempo, meu parceiro Nick Baker fez a seguinte postagem: "Terráqueos, apresento-lhes o incrível Will! Neste grande dia, como se houvesse sido atingido por um raio bem no meio do coração, fui tomado de uma gratidão elétrica por este grande parceiro. Não, não é aniversário dele. Não, ele não está doente. Ele não morreu. Não estou arrecadando dinheiro pra ninguém. Esta é uma demonstração espontânea de carinho por um cara que faz do mundo um lugar melhor. Fiquem à vontade para escrever nos comentários as outras maravilhosas qualidades de Will que eu não mencionei". A postagem teve mais de setenta comentários! Will com certeza ganhou o dia, e Nick deve ter inspirado outras pessoas a fazerem algo parecido por um amigo.

Minha amiga Bailey Robinson, que já mencionei neste livro, de vez em quando faz o seguinte *post* no Facebook: "Comente aqui se estiver precisando de palavras de apoio". Então, nos próprios comentários, ela oferece seu carinho e suas reflexões construtivas. Se por acaso alguém visita a postagem com frequência, Bailey procura a pessoa no privado para perguntar como ela está e diz: "Estou aqui para colocar em palavras o encanto que você já exerce e ainda não sabe". É um excelente uso da tecnologia para cultivar vínculos emocionais.

Transforme em realidade a conexão virtual

Nos primeiros dias da pandemia, eu, como muita gente, fui acometido por uma intensa fadiga relacionada ao uso do Zoom. Não parava de pensar: *Que saudades dos eventos em carne e osso! Não passou nem uma semana de isolamento e já estou exausto do Zoom. Não quero um happy hour pelo Zoom, quero te ver na vida real. Quero te encontrar, olhar nos seus olhos, te dar um abraço!* Conforme fui me adaptando ao novo normal, compreendi que a vida dentro do Zoom não acabaria tão cedo, mas também que o vínculo virtual – embora muito menos palpitante do que o real – é possível, apenas requer que reimaginemos o formato de nossas reuniões on-line.

"Na maioria dos eventos presenciais, a conexão entre os participantes ocorre no almoço, na fila do banheiro ou num happy hour", escreve Jenny Sauer-Klein, especialista em relações sociais. "Presumimos que esses momentos e os felizes acasos que eles proporcionam bastarão para cumprirmos nossos objetivos de *networking* e de 'coletividade'. Já em um contexto virtual, não existe conexão por acaso: é preciso buscá-la deliberadamente." Jenny sugere que se sigam três princípios para produzir formas de criar conexão no meio virtual: promova conexão desde o primeiro momento; promova conexão em abundância; estimule um processo gradativo de abertura emocional.

Para gerar conexão desde o primeiro momento, o anfitrião de um evento no Zoom deve incentivar a participação imediata dos espectadores, em vez de seguir o formato tradicional de *webinar* em que o público assiste passivamente a uma sequência de slides. Por exemplo, em meu curso para escritores, eu tocava alguma música e cumprimentava cada participante pelo nome conforme eles ingressavam na sala do Zoom e então os convidava a contar no chat sobre algum fato positivo de sua semana. Na primeira atividade, em uma sala simultânea, os participantes conversavam em duplas sobre o progresso de cada um na escrita do livro. A seguir, eu os dividia em outra sala simultânea para que conversassem com outro colega. Desde os primeiros minutos do evento, já deixava claro que o curso iria requerer uma participação ativa de todos; não seria um *webinar* para assistir no sofá, com um balde de pipoca na mão.

Ao longo dos noventa minutos de cada aula, havia diversas salas simultâneas e sessões de pergunta e resposta, isto é, atividades que possibilitam a conexão em abundância defendida por Jenny. Não basta quebrar o gelo para que as pessoas sigam interagindo por uma hora ou duas; é preciso dar a elas muitas oportunidades de realizarem trocas entre si. Nos questionários de avaliação do curso, foi quase unânime a opinião de que o aspecto mais positivo foi o coletivo, a chance que ele criou de se relacionar com outros autores.

É possível deduzir a partir disso que as pessoas estão em busca mais de conexão on-line do que de conteúdo on-line. Existem milhares de postagens e artigos que ensinam a formatar um curso a distância, mas já são poucos os indivíduos que querem continuar vendo sequências de slides; a maioria deseja um espaço no qual possa conversar abertamente com outras pessoas. Você obviamente não vai esperar que alguém exponha seus medos mais profundos após cinco minutos numa sala do Zoom, porém é possível firmar uma relação de confiança e então incentivar um processo gradual de abertura, assim como faria pessoalmente. Uma maneira de fazê-lo é estabelecer rituais dentro das reuniões virtuais, como um baile de abertura, um minuto de reflexão silenciosa ou de exercício respiratório, ou uma exposição de artefatos, em que cada participante mostra um objeto de valor pessoal que faça parte do lugar onde se encontra.

Durante a pandemia, a minha amiga Kat Vellos me mostrou que há mais de um jeito de se manter ligado mesmo a distância. O fato de que absolutamente todo mundo passava oito horas por dia no Zoom não faz deste necessariamente o melhor meio de criar conexão virtual. Kat, uma entusiasta da "conexão sem tela" mesmo num contexto de comunicação remota, deu início a um Clube de Conexão, um espaço de apoio e de criatividade para fortalecer e estreitar os vínculos com os amigos, ou, nas palavras dela, "um clube com uma *vibe nerd* e fofa que é uma mistura de sala de estudos, ateliê de arte e grupo de prestação de contas entre amigos". Um dos rituais semanais do clube era a escrita de uma carta: os participantes, presentes na sala do Zoom, mas fora do enquadramento da câmera, escreviam cartas enquanto Kat fazia as vezes de DJ para que todos escutassem a mesma música; depois que terminavam de escrever, eles podiam aparecer na câmera e conversar entre si, se quisessem.

Uma amiga de Kat, Lucy Bellwood, criou um correio de voz experimental durante a quarentena chamado Right Number [Número Certo] – "um espaço para ser escutado" –, que funcionava da seguinte maneira: Lucy postava a cada duas semanas um número de telefone e uma pergunta a ser

FAZER AMIGOS NA ERA DA SOLIDÃO

respondida por mensagem de voz – algo como "O que você gostaria de poder dizer a alguém neste exato momento?". Era como um confessionário, cujas mensagens, confidenciais, só Lucy ouvia.

À medida que a pandemia prosseguiu, passei a me sentir mais confiante na capacidade das plataformas virtuais de nos aproximar. Não é uma tarefa fácil, mas, se agirmos com mais consciência e se, como recomenda Jenny, buscarmos deliberadamente novas formas de conexão, poderemos fazer da conexão virtual uma realidade, e não o carcomido blá-
-blá-blá marqueteiro do Vale do Silício.

Alguns aplicativos para fazer amizades

Apesar de o meu intuito ser ajudá-lo a passar menos tempo no celular, vou listar alguns aplicativos e sites que possibilitam conhecer pessoas novas e interagir com seres humanos com interesses parecidos, caso você esteja com dificuldade para fazer amizades. Vale o alerta para sempre ter cuidado ao interagir com desconhecidos pela internet: preserve sua segurança acima de tudo.

Meetup: plataforma para encontrar e organizar grupos de interesse locais.

Eventbrite: plataforma de eventos e venda de ingressos que mostra eventos próximos a você.

Nextdoor: uma rede social específica para o bairro.

Marco Polo: aplicativo de comunicação por vídeo que ajuda a superar as distâncias mesmo na correria do dia a dia.

Houseparty: aplicativo de bate-papo em vídeo que permite até oito pessoas por "sala".

Clubhouse: plataforma de bate-papo exclusivamente por áudio.

Cuppa: tome um café virtualmente com personalidades curiosas do Twitter.

Lunchclub: aplicativo de relacionamento profissional que dá match entre os membros com base no currículo, nos objetivos e nos interesses para uma conversa em vídeo.

Meet My Dog: rede social para donos de cachorro descobrirem e interagirem com outros donos de cachorro nas redondezas.

Bumble BFF: a versão para amizades do aplicativo de relacionamento Bumble.

Hey! VINA: o Tinder para amizades entre mulheres. Arraste para a direita para fazer novas amigas com interesses parecidos com os seus.

Donut: uma extensão do Slack que conecta equipes para um café virtual, aprendizagem entre pares e muito mais.

Nearify: aplicativo para descobrir eventos próximos a você como shows ao vivo, apresentações de comédia, concertos, festivais, peças de teatro e mais.

ATLETO: aplicativo que conecta esportistas com base na localização, no nível de prática, na frequência de treino e na modalidade, para proporcionar a melhor experiência esportiva possível.

Peanut: rede social que conecta mamães com pensamentos parecidos e facilita o encontro presencial.

Friender: aplicativo que conecta pessoas com interesses parecidos.

We3: encontre pessoas incríveis perto de você; reúna-se com novos amigos em grupos de três.

MeetMe: encontre-se, converse e se divirta com novos conhecidos.

Squad: uma comunidade acessada apenas com convite voltada para os indivíduos das gerações Y e Z que querem ultrapassar os limites da tela e interagir na vida real.

Hylo: organização, comunicação e colaboração coletiva num só lugar.

Dex: um aplicativo de gestão de relacionamento com o cliente que ajuda a estabelecer relacionamentos mais sólidos.

Fabriq: priorize, acompanhe e se faça presente em seus relacionamentos mais importantes com a ajuda de lembretes.

Bloom: experiências virtuais exclusivas para os maiores de 50.

Stitch: grupos de interesse e companhia para qualquer pessoa com mais de 50 anos.

REALU: encontre pessoas reais em tempo real; conheça gente interessante perto de você; interaja com elas no mundo de verdade.

Tribute: possibilita a criação de videomontagens colaborativas para oferecer de tributo em qualquer ocasião especial.

Evlyn: um aplicativo de celular que armazena e envia mensagens para os entes queridos depois da morte.

Dial Up: aplicativo de bate-papo por mensagem de voz que facilita a conexão com as pessoas com quem você quer manter contato.

Walkie: você informa sobre o que quer falar e recebe o telefonema de alguém com o mesmo interesse.

Listenly: agende uma sessão de escuta com um profissional experiente.

Mon Ami: tecnologia de organização de voluntariado que facilita a coordenação de iniciativas voluntárias e conecta grupos em situação de dificuldade.

Goodnight Zoom: contação remota de histórias por um idoso isolado.

Papa: conecta adultos e famílias com parceiros do aplicativo, que oferecem companhia e ajuda com tarefas cotidianas.

Meals Together: incentiva o companheirismo intergeracional por meio de jantares por chamada de vídeo.

Faça da tecnologia uma cura

Embora seja inegável que a tecnologia tem sua parcela de culpa na epidemia de solidão que nos assola, a internet pode ser uma poderosa ferramenta facilitadora da conexão e da amizade, principalmente para aqueles indivíduos que não têm ao que recorrer. A minha amiga Liz Travis Allen foi picada por um carrapato em 2003 e ela, que era atleta profissional de duas modalidades diferentes, ficou confinada à cama devido a uma incapacitante dor crônica, fadiga intensa, dores de cabeça e musculares e falta de ar. Pelos últimos dezessete anos, Liz vem lutando para se curar em um sistema de saúde que simplesmente não faz ideia de como tratar seus problemas de imunidade. Como os milhares de outras pessoas com doença de Lyme (ela também foi diagnosticada com síndrome da fadiga crônica), para Liz resta tentar descobrir por conta própria os tratamentos e medicamentos eficazes.

Ela me disse que seus "amigos fisicamente capazes" simplesmente não entendiam sua condição; assim, ao mesmo tempo que sofria para descobrir o diagnóstico da dor crônica, passou a se sentir isolada, sozinha. Foi somente

FAZER AMIGOS NA ERA DA SOLIDÃO

quando conheceu pela internet outras pessoas na mesma condição que voltou a se sentir acolhida emocionalmente e pertencente a um grupo. Liz viu que havia no Instagram uma *hashtag* relacionada à doença e que pessoas de todos os cantos do mundo contavam sobre a vida com a enfermidade; então criou uma conta secundária no Instagram, um "perfil doente", e descobriu a existência de um gigantesco grupo de enfermos crônicos, indivíduos incapazes de sair de casa, que falavam abertamente sobre sua condição, os tratamentos experimentais, os medicamentos que funcionavam e também os que não, ou sobre como o mundo lidava com pessoas com deficiência. Em resumo, ela percebeu que não estava sozinha.

Liz fez grandes amizades com algumas das pessoas que seguia no Instagram, se juntou a comunidades on-line como a Tired Girl Society (um espaço virtual de encontro e apoio para mulheres que convivem com alguma doença) e a More Than Lyme (que difunde informações sobre a doença de Lyme por meio de ações, eventos e contação de história) e lançou mão dos bate-papos dos grupos e dos novos amigos para descobrir tratamentos, uma equipe médica e uma combinação experimental de medicamentos que efetivamente a ajudou.

"Foram essas comunidades que devolveram a minha saúde", afirmou Liz. "Elas foram essenciais para que eu voltasse a me sentir bem como ser humano." Ela já não vive acamada, mantém um emprego e é capaz de socializar com seus pares. Liz passou de um estado grave para um estado controlável, com uma qualidade de vida razoável, e isso graças aos conhecimentos que obteve na internet.

Durante a quarentena, ela se valeu da condição de alguém que esteve em isolamento por dezessete anos para transmitir conselhos, pois queria ensinar a seus amigos "saudáveis" que a raiva, a tristeza, a inquietação, o tédio e a ansiedade teriam altos e baixos. "Um dia, o isolamento acaba", ela falou. "Estou melhor hoje, e, quando me aventuro lá fora, sinto como se pisasse num novo mundo. As flores brilham, o sol parece feito de ouro branco. Conversas triviais são como romances literários, as pessoas no parque são um deleite, cada passo sob o céu é um grito de liberdade. A gratidão exala pelos meus poros. Estou embebida em bênçãos."

A história de Liz nos mostra que o significado de bem-estar é diferente para cada indivíduo, que sempre existe alguém no mundo que compreende nossas dificuldades, e que, às vezes, a tecnologia tem o poder de curar.

PARTE 5

RITUALIZE

Troque o rolamento do mouse pelo agradecimento

Estudos recentes demonstram que o hábito de expressar gratidão causa alterações na estrutura do cérebro que promovem felicidade e bem-estar, além de estar relacionado a uma melhor qualidade do sono e a uma menor ocorrência de ansiedade e depressão. O uso intenso das redes sociais, por sua vez, tem sido relacionado à sensação de isolamento e solidão, principalmente entre jovens.

No meu primeiro ano como usuário do Instagram, eu pensava que as pessoas usavam a hashtag #latergram quando iam dar um tempo do aplicativo. Tipo, você posta uma foto tão maravilhosa que só resta dizer: "Vlws, flws, Instagram. Agora vou dar um rolê com a galera, tchaaaaaaau!". Mas não é o que #latergram significa, infelizmente; a hashtag apenas indica que a foto foi tirada horas ou dias antes da postagem.

Com frequência, me sinto pressionado por uma força sobrenatural a postar minha localização, uma opinião, meus sucessos. Quantas vezes não me peguei descendo maquinalmente a barra de rolagem, com inveja dos grandes momentos compartilhados pelos amigos, comparando a vida

FAZER AMIGOS NA ERA DA SOLIDÃO

incrível deles com a minha, desejando viajar para os mesmos paraísos, desejando namorar as mesmas pessoas, sempre acabando com um sentimento de tristeza e pena de mim mesmo? Há dias em que não consigo relaxar se não postar algo, qualquer coisa. Sim, é ridículo, porém a sensação de pressão é real. E os Stories do Instagram só agravam a situação; alguns dos meus amigos com mais de 30 anos nas costas praticamente não param de postar – e estou falando de adultos que cresceram numa época em que não existia celular, que cresceram morrendo de disenteria no jogo *Oregon Trail*. Imagine como é para as crianças e para os adolescentes que não sabem o que é viver num mundo sem smartphone!

Hoje, quando percebo que estou recaindo, tiro uma semana sabática em que substituo o uso das redes sociais por um exercício de gratidão: toda noite antes de dormir, penso em duas pessoas queridas por mim e, no dia seguinte, telefono para ambas para expressar o meu reconhecimento por elas. Há vezes que elas atendem e nós batemos um papo espontâneo; há vezes que não atendem (talvez porque estejam absortas nos Stories), e tudo bem, eu deixo uma mensagem de voz. Ao final da semana, manifestei a minha admiração por catorze pessoas. Se você pensa que não tem tempo para telefonar para catorze amigos numa semana, some os minutos que gasta passando automaticamente de uma postagem para a próxima. Garanto que tempo não falta, e que expressar sua gratidão pelos amigos é uma maneira mais proveitosa de usar esse tempo do que ficar vendo fotos.

Crie uma rotina única

Quando vivia no Brooklyn, isso já depois de me formar, eu almoçava com vovó toda sexta-feira. Tomava a linha F do metrô, caminhava pelo Washington Square Park até a East Tenth Street, onde ela morava, e a pegava para irmos até o Silver Spurs, um restaurante na esquina com a Broadway Street. Eu adorava nossas caminhadas, e isso porque vovó era a pessoa que anda mais devagar que já conheci. Embora o Silver Spurs ficasse a dois quarteirões do apartamento, levávamos meia hora para chegar. No caminho, cumprimentávamos os vizinhos, comprávamos pêssegos lindamente maduros na barraca de frutas e parávamos no caixa eletrônico para ela tirar o dinheiro da semana.

Vovó, segurando em meu braço, sempre perguntava como ia o trabalho e se eu estava de namorico com alguém. E eu sempre queria poder dizer "Vó, conheci uma garota! Conheci *a* garota! Estou apaixonado!" – acho que ela daria um duplo mortal carpado. Já no Silver Spurs, sempre nos sentávamos exatamente na mesma mesa e éramos atendidos pelo mesmo garçom, Pablo. Vovó sempre pedia o mesmo prato: cheeseburger com bacon acompanhado de fritas e café, e eu

FAZER AMIGOS NA ERA DA SOLIDÃO

sempre pedia bagel com salmão defumado e *cream cheese* e uma xícara de café, e então ela me perguntava se eu queria suco de laranja, ao que eu respondia "Não", e vovó replicava "Toma suco de laranja, bem", e eu pedia "Tá, e um suco de laranja grande, por favor". Se por acaso chegássemos e nossa mesa estivesse ocupada, esperávamos vagar. Teve uma sexta em que Pablo não foi trabalhar, e vovó se deu conta de que não estava com fome e fomos embora.

Mesmo tendo se passado nove anos desde que vovó se foi, e mesmo o Silver Spurs tendo fechado as portas um ano após a morte dela, até hoje tento passar por aquela esquina quando estou em Nova York, pois ela abre um sorriso em meu rosto. Vovó sempre dizia que, depois que morresse, queria ter um terço de suas cinzas espalhadas numa barra de Hershey, um terço na Bloomingdale's e um terço na caixa registradora do Gristedes, o supermercado ao lado de seu apartamento.

Eu tento criar com cada um dos meus amigos o mesmo que tinha com vovó: uma rotina única, um verdadeiro ritual. Como em *Seinfeld*, sabe? Jerry, George, Elaine e Kramer sempre se sentam na mesma mesa no Monk's Café.

A rotina nos deixa à vontade, e quando nos sentimos assim a amizade tende a desabrochar. Com Milo e Kevin, tenho a noite de ioga; com Wilco e Gabe, o café; com Kelsey, os bolinhos; com Satya, o lámen vegano; com Alex, Matt e Saya, o sushi com peixe recém-pescado; com Bizzle, na Filadélfia, as margueritas com *mole poblano*; com Bricky, Bubbles e Blue Bear, em Los Angeles, o churrasco coreano anual; com Dre, em Cambridge, os hambúrgueres; com Brady, os jogos de tabuleiro; com minha irmã, o Domingo dos Irmãos.

Está claro que a maioria das minhas rotinas envolve comida, mas isso é apenas coincidência: o importante aqui é o fato de que fazer a mesma coisa com a mesma pessoa transforma a relação em um porto seguro.

A rotina nos deixa à vontade, e quando nos sentimos assim a amizade tende a desabrochar.

Nade em um tanque de criatividade

Um dos aspectos mais admiráveis do Camp Grounded era o encontro de tantos indivíduos criativos que Levi promovia e a abertura que ele proporcionava para que manifestassem seus talentos, quaisquer que fossem – desenho, composição, crochê, perna de pau, declamação, meditação, ioga do riso, conserva de legumes, pirogravura, canto coral, *stand-up*, trufas supernutritivas, terapia do abraço. Eu sempre me sentia imerso em uma piscina de criatividade: para onde quer que olhasse, via desde grupos de improvisação até participantes ensaiando uma música que haviam acabado de compor – a todo momento, as pessoas estavam fazendo ou ensinando sua arte única e eclética.

Quando se dá total liberdade para que amigos façam sua mágica juntos, os efeitos são poderosos e imprevisíveis, pois já não há a premissa de que a criatividade deve servir ao lucro, à fama ou ao número de seguidores; em vez disso, a criação passa a ter na brincadeira com os amigos um fim em si mesmo. Em um dos meus TED Talks preferidos, o ator Joseph Gordon-Levitt afirma: "Se a sua criatividade se pauta pela necessidade de atenção, você nunca se realizará criativamente".

ADAM SMILEY POSWOLSKY

Uma das monitoras do acampamento era Alexis (ou Inspetora Bucket), que frequentou a juventude judaica e sempre participou de produções teatrais. Ela e sua melhor amiga, Panda, apresentavam um ato no festival de talentos em que interpretavam um briguento casal de velhinhos judeus – Muriel e Morty – que estava junto desde que o mundo é mundo. A apresentação sempre provocava gargalhadas, principalmente quando Muriel e Morty ressurgiam no palco em outros momentos do festival (por exemplo, para cantar "It Wasn't Me", de Shaggy). Alexis me disse que interpretar personagens mais velhos e imaginar uma amizade antiga não apenas deu forma a Muriel e Morty como também deu a ela e Panda a sensação de que se conheciam havia uma vida. Em outras palavras, o teatro estreitou o vínculo entre as duas. Sempre escuto histórias de pessoas que se tornaram amigas em um contexto de expressão artística ou liberdade criativa. "Quando atuo, tenho permissão para vivenciar a história fictícia de outras pessoas; e a permissão para fazer isso dentro de um ambiente demarcado gera uma satisfação e uma confiança inigualáveis", explicou Alex. "Pelo que vivi no acampamento e no teatro, acho que há algo de muito forte, transcendente e permanente em construir um tanque, um receptáculo temporário no qual os integrantes precisam criar muito rapidamente uma confiança entre eles para fazerem a coisa dar certo. A intimidade e o espírito lúdico que nascem daí extrapolam a experiência em si."

Se você já trabalhou na produção de um filme ou peça, ajudou na organização de um evento ou participou de alguma iniciativa artística, provavelmente sabe o que é criar proximidade com os colegas muito rapidamente – num dia, vocês estão brincando de algo para quebrar o gelo; no outro, saindo para tomar café; uns dias mais tarde, estão dormindo na casa uns dos outros e planejando escrever um roteiro de filme.

Pequenas manifestações de criatividade geram mais criatividade. Como diz Alexis: "Essas amizades nascidas da criatividade me dão a sensação de que tudo é possível em relação a mim e à pessoa e também em relação ao que estamos criando". Durante a pandemia de covid-19, Alexis deu início a um Salão Virtual semanal no Zoom para auxiliar trabalhos artísticos em construção. Ela nunca sabe o que vai encontrar; há um grupo fiel de participantes, que se tornaram próximos, mas também há pessoas novas que aparecem para escutar e colaborar com os trabalhos alheios. A fórmula é simples: trata-se de um lugar seguro e demarcado, no qual todos podem dar e receber comentários sobre um projeto criativo em elaboração. Se ninguém quiser falar sobre um projeto, não tem problema: eles conversam sobre o que estão sentindo no momento, o que, segundo Alexis, pode ser tão benéfico quanto. A lição que fica é que é importante criar um espaço para as pessoas libertarem, experimentarem e brincarem com sua criatividade.

Outro ator, Ethan Hawke, foi muito feliz na escolha de palavras ao dizer que "[A criatividade] é vital. É com ela que curamos uns aos outros. Quando cantamos nossa música, quando contamos nossa história, quando dizemos 'Escute o que tenho a dizer, e eu escutarei o que você tem a dizer', estamos propondo um diálogo. É aí que a cura se dá, a gente sai do casulo e passa a perceber aquilo que nos une como seres humanos. Mais do que perceber, a gente passa a assumir isso. E coisas boas nascem daí".

Sempre que alguém me diz que não consegue fazer novos amigos, eu pergunto: "Quando foi a última vez que você se apresentou, cantou, construiu, planejou ou imaginou algo junto com um grupo de pessoas?". Encontre uma piscina para sua criatividade – e um espaço que lhe permita colaborar com a criatividade dos outros –, e se abrirá um mundo de possibilidades.

Organize uma mostra de amigos

Já mencionei o casamento de Amber e Farhad em Marrakesh. Mais do que a celebração do amor entre os dois, foi a celebração do amor de ambos por sua comunidade de amigos, ou sua "família de alma", como eles nos chamam. O fim de semana do casamento foi todo voltado a criar oportunidades para que seus amigos dos mais diferentes núcleos criassem uma conexão autêntica e consciente. Amber produziu um jornal em que havia a foto de rosto de cada um dos convidados, acompanhada de sua linguagem do amor e da palavra, escolhida pela própria pessoa, que descrevia sua essência. Além disso, ela solicitou a diversos amigos contribuições que não se limitaram ao tradicional brinde de casamento: um deles foi designado como "Embaixador da Vibe", encarregado de escolher os ritmos que cada momento pedia; outro, um cantor profissional, apresentou um festival de talentos; e outros dois amigos que são experientes *coaches* oficiaram o matrimônio.

Quando for organizar ou celebrar um evento, abra espaço para que seus amigos mostrem seus talentos; dessa forma, eles se sentirão notados e incluídos, e os demais

FAZER AMIGOS NA ERA DA SOLIDÃO

membros de sua comunidade também se sentirão estimulados a participar e contribuir de corpo e alma. Se você acha que alguns convidados não têm nada a oferecer nesse sentido, volte duas casas: pode ter certeza de que cada pessoa que faz parte de sua vida tem uma paixão ou um hobby ou um dom que é único. Por exemplo, em seu casamento, a minha amiga Jenny Klein pediu a um amigo dela que cultiva maconha orgânica na Califórnia que enrolasse alguns baseados para a festa, e o cara fez cem (eu disse cem!) baseados e os serviu numa bandeja tal como um garçom serviria bebidas. Graças a essa contribuição, em vez de alguns convidados chapando escondido em um canto, o que aconteceu foi um ritual coletivo aberto a todos, até mesmo aos tios e tias. Me diz: quando foi a última vez que te serviram um baseado de maconha caseira numa bandeja?! Jenny me contou que é a parte do casamento que as pessoas mais lembram.

Não me venha com a desculpa de que você não pretende se casar em breve. Eu o desafio a organizar uma mostra de amigos no próximo mês – pode ser em sua casa, num espaço de eventos ou virtualmente, pelo Zoom. Selecione dez dos seus conhecidos mais talentosos para cantar uma música, declamar um poema, fazer uma apresentação de *stand-up*, contar uma história, guiar uma meditação, organizar um jogo. E convide uma galera para ser completamente arrebatada pela criatividade deles. Ao proporcionar esse encontro, pode ser até que você inspire seus amigos – e mesmo desconhecidos – a fazerem arte juntos.

Não saia para beber

Quando tinha por volta de 20 anos, eu morava num apartamento conjugado de um quarto no Brooklyn, com os meus dois melhores amigos da faculdade e Rooibos, o nosso gato. O quarto de Jesse (ou Bizzle) era o quarto de fato, o de Dre era um closet, e o meu era a parte que ligava o quarto à sala. Sim, era apertado, e, não, não estávamos nem aí; estávamos apenas contentes por viver em nosso primeiro apartamento de gente grande, longe da casa dos pais.

Naqueles dias, eu bebia e não era pouco. A gente fazia o esquenta no apartamento com algumas cervejas e saía umas 11 da noite para pegar a linha F do metrô até Manhattan, cada um com um cantil no bolso. Às 3 da madrugada, quando voltávamos, já tínhamos tomado 5 ou 6 drinques e gastado sabe-se lá quanto em *whiskey gingers* superfaturados. Acho que por dois anos não comemos outra coisa que não fosse a pizza do Joe, o café da manhã da Bagel World e batata chips sabor mostarda e mel. Pensando hoje, não sei como sobrevivemos.

Quase quinze anos mais tarde, não posso tomar duas cervejas que tenho uma ressaca tão cabulosa que não

FAZER AMIGOS NA ERA DA SOLIDÃO

consigo nem levantar da cama. Praticamente não ingeri álcool nos últimos cinco anos; de vez em quando, bebo uma taça de vinho para acompanhar uma boa refeição ou champanhe em um casamento, mas ficar muito louco não é mais para mim. Não gosto da sensação no corpo, não gosto de me sentir mole ao acordar para minha corrida matinal ou com os pensamentos confusos ao tentar escrever.

A boa notícia é que não beber álcool tem me ajudado a estreitar os laços de amizade. No lugar do obrigatório (além de previsível e nada original) "Vamos sair para beber?", curto várias experiências novas e incríveis com meus amigos: fazemos trilhas na natureza; jogamos jogos de tabuleiro; cozinhamos; andamos de bicicleta; vamos a saraus; temos conversas profundas entre taças de água com gás aromatizada; colocamos nosso pijama de macacão e vamos para a Daybreaker, a festa regada a bebidas não alcoólicas que começa às sete da manhã e acontece em um barco na baía de São Francisco. Não estou dizendo que para fazer novos amigos é preciso estar sóbrio, mas fazer outras coisas além de sair para beber pode tornar seus relacionamentos mais completos.

Ofereça-se de corpo e alma aos amigos

Por causa dos meus quase 5 mil amigos de Facebook, sempre me zoam por conhecer gente *demais*. O mesmo acontece com a minha amiga Lani. Só nos últimos anos, ela foi a mais de quarenta casamentos (quatro dos quais oficiou!); houve anos em que foi a um casamento por mês. Lani não raro escuta dos amigos coisas como: "Outro casamento? Outro casamento em novembro? Outro casamento em novembro em Ohio? Jura?".

Ela não conhece um monte de gente simplesmente: ela tem o dom de estabelecer amizades profundas. Lani não perde tempo com interações rasas; não faz perguntas superficiais para alguém que está conhecendo. E sempre ajudou os outros a abrirem o coração e expressarem suas angústias.

Esse talento para ir fundo nas relações foi colocado em evidência para ela em sua despedida de solteira. Lani havia convidado 35 amigas para um fim de semana num destino de águas termais – "Não precisa falar nada, eu já sei. Que tipo de gente convida 35 amigas para a despedida de solteira?!". No entanto, o encontro que era para acontecer na natureza se transformou em virtual por causa da pandemia.

FAZER AMIGOS NA ERA DA SOLIDÃO

"Não gosto de grandes eventos nem de ser o centro das atenções, prefiro pensar nos outros", ela me disse. "Estava preocupada com o encontro virtual, odeio aparecer no Zoom, e tinha certeza de que ia ser um desastre porque, afinal, 35 pessoas..." Porém, a despedida de solteira acabou sendo uma linda celebração do ombro amigo que Lani sempre ofereceu.

Suas amigas Megan e Shauna conduziram o encontro, que começou com um exercício corporal de autoconsciência para que as convidadas se fizessem presentes de corpo e espírito, seguido de um espaço para que todas pudessem responder à pergunta: "Como você definiria a Lani e qual é a importância dela em sua vida?".

Lani me confidenciou que, no começo, teve dificuldade para aceitar todo aquele amor, mas logo lhe passou pela cabeça que havia vivido muitas aventuras com cada uma das mulheres presentes naquela sala (do Zoom). Ela e aquelas amigas tinham viajado de carro juntas, passado fins de semana juntas, tido experiências imersivas. Com um grupo de amigas, ela se encontrava uma vez por ano para passar um fim de semana comendo cogumelos e outras comidas maravilhosas e ir fundo na relação. Lani comenta que, nessas ocasiões, o celular era usado para tirar fotos e nada mais, não havia listas de coisas para fazer, não havia obrigações, a única obrigação era aproveitar a companhia umas das outras.

"Pensei em todos esses momentos em que pudemos nos abraçar, nos sintonizar, rir e conversar sobre a vida. A gente sempre se incentivou, a gente sempre se reverenciou."

A despedida de solteira de Lani acabou sendo uma ocasião especial para homenagear uma pessoa que dedicou boa parte da vida aos amigos. Nem todo mundo vai poder chamar 35 pessoas para a despedida de solteiro, é verdade, mas há alguns aprendizados que podemos tirar da experiência de Lani para ir fundo na relação com aqueles que amamos:

1. **Evite perguntas superficiais.** As pessoas se abrem para Lani porque ela faz perguntas pessoais logo de cara. Três de suas preferidas são: "O que faz você se sentir vivo?"; "Qual é o melhor conselho que você recebeu nos últimos tempos?"; e "Tem algo no futuro próximo que está te deixando cheio de expectativa?". Lani conquista as pessoas porque se oferece de corpo e alma para elas.

2. **Faça-se presente, e faça disso um hábito.** Desde a faculdade, Lani já morou em Denver, Santa Fé e Oakland, e em cada um desses lugares preservou os relacionamentos antigos e fez novos. Ela não deixa as pessoas na mão. Ela sempre faz questão de encontrar os amigos quando está na mesma cidade que eles. Ela telefona nos aniversários. Se pensa em alguém, ela liga ou manda mensagem.

3. **Faça viagens que proporcionem tempo e espaço para a convivência e a sintonia.** Viagens de fim de semana ou aventuras na natureza são elementos definidores das amizades de Lani. Elas criam as condições para que as pessoas abaixem a guarda e se livrem das preocupações com reuniões, compromissos, prazos; com isso, estimulam a convivência e possibilitam que os amigos entrem em sintonia. Em tais ocasiões, Lani se sente completamente imersa no processo de estar com cada uma das amigas e abraçar cada uma delas.

Nessas viagens, em vez de comer em restaurantes, faça das refeições momentos participativos: atribua a cada pessoa a responsabilidade por preparar uma ou duas refeições. A comida pode ser uma linda demonstração de amor, e esse ritual gera um convívio participativo, pois

FAZER AMIGOS NA ERA DA SOLIDÃO

evita que uma única pessoa fique encarregada de comprar os ingredientes e de cozinhar para o grupo. **4. Faça parte de diversos grupos e atividades.** Lani sempre participou dos mais diferentes grupos e atividades: ONG educacional, grupo de dança, movimento da juventude judaica, acampamentos judaicos; na faculdade, fez parte de uma assembleia de mulheres discentes e de um grupo que prestava apoio a adolescentes grávidas ou com filho em Los Angeles. Lani criou fortes relacionamentos nesses espaços, cujas rotinas serviam para dar embalo às amizades.

Tome chá com desconhecidos (e tome chá sozinho também)

Depois de alguns anos em São Francisco, eu estava me sentindo de saco cheio e um tanto sozinho, e um camarada me sugeriu ir a um encontro chamado Tea With Strangers, Chá com Estranhos. "O que é isso?", perguntei. "Exatamente o que o nome sugere", ele respondeu. Então, certa tarde, fui a uma linda casa de chá chamada Samovar e passei duas horas com cinco desconhecidos. Cada um de nós se apresentou, e conversamos sobre trivialidades antes de tratarmos de assuntos mais íntimos, com a condução de um mediador voluntário que nos propôs questões como: "Tem algo tirando o seu sono ultimamente?", ou "Fale sobre um ponto de inflexão pelo qual sua vida passou recentemente", ou "Cite alguém a quem você gostaria de dizer obrigado". Saí do encontro muito menos entediado do que entrei, com a sensação de ter conhecido várias pessoas interessantes e participado de uma promissora forma de terapia em grupo, tudo isso pelo preço de um delicioso *genmaicha*.

Hoje em dia, o Tea With Strangers é um movimento internacional, conta com mediadores em 15 cidades e já proporcionou conversas de duas horas acompanhadas de

FAZER AMIGOS NA ERA DA SOLIDÃO

chá a mais de 50 mil indivíduos. O próprio fundador, Ankit Shah, já mediou mais de 400 dessas conversas, para mais de 2 mil pessoas. Ankit escreveu: "Não é o simples fato de conversar com desconhecidos que faz do Tea With Strangers uma troca expressiva, mas a conexão que os participantes estabelecem entre si, a sensação de irmandade. Embora você conheça aquelas pessoas há menos de duas horas, parece que são amigos de infância. Você acaba revelando histórias de que nem se lembrava, e descobre fatos sobre os outros que jamais cogitaria perguntar".

A missão de que Ankit se incumbiu é ajudar as pessoas a vivenciar essa fraternidade humana. No entanto, apesar de ter dado início a um movimento com o intuito de criar conexão entre desconhecidos, hoje ele está mais comprometido com o outro lado da moeda: proporcionar às pessoas as ferramentas para que elas se sintam bem sozinhas. Quando conversei com Ankit no Souvla – meu restaurante de saladas superfaturadas preferido (e há muitos do tipo em São Francisco) –, ele me falou que o exercício de estimular amplitude, curiosidade e admiração entre estranhos conduz ao exercício da amplitude, da curiosidade e da admiração consigo mesmo.

Em um artigo sobre ficar a sós, "Being Alone", Ankit afirma: "Ficar bem sozinho é uma capacidade que requer treino, e o treino pode ser excruciante por si só. Entretanto, como ocorre com qualquer prática difícil, quanto mais você treina, mais fácil se torna o treino. Nesse caso, treinar para mim é fazer longas trilhas na natureza – longas a ponto de eu esquecer completamente o que estava pensando antes de começar e assim poder distinguir e me maravilhar com os muitos tons de verde.

"É tomar um banho antes de me deitar para poder pensar no dia que tive e deixar a água escorrer sobre mim por tempo o bastante para esquecer completamente esse mesmo dia. É inalar lentamente o cheiro do café antes de bebê-lo pela manhã. É lavar a louça sem fones de ouvido. É colocar o celular no modo avião e digitar meus pensamentos para mim mesmo, como se estivesse mandando uma mensagem para minha própria consciência, num diálogo de fato."

Ankit defende que passar um tempo de qualidade sozinho ajuda a se autoconhecer, a relativizar os fatos da vida, a curtir a própria companhia e, principalmente, a se conectar com os outros. Eu acho fascinante que o mesmo cara que fundou o Tea With Strangers se veja, cinco anos depois, na missão de ajudar as pessoas a se sentirem à vontade consigo mesmas, mais do que de ajudá-las a conhecer outras pessoas.

Talvez a solução para o mistério da solidão passe por descobrir e explorar as sensações de passar mais tempo sozinho – e por ficar de bem com a própria companhia.

Aqui vão cinco conselhos para você ir se acostumando a passar mais tempo de qualidade a sós:

1. Agende o encontro consigo mesmo. Agende um período para ficar sozinho – no domingo de noite, por exemplo. Ao marcar esse tempo a sós no calendário, você não só vai dar aspecto de normalidade a ele como vai passar a aguardá-lo com expectativa, e não vai mais se sentir envergonhado, solitário ou na obrigação de marcar qualquer coisa com outras pessoas.

2. Não se assuste com as dificuldades. Os seres humanos somos animais sociais. Ficar a sós com os próprios pensamentos, com o próprio corpo pode parecer uma tarefa impossível. Como escreve Jenny Odell em *How to Do Nothing*: "A solidão, a observação e a convivência singela deveriam ser compreendidas não como fins em si, mas como direitos inalienáveis de qualquer indivíduo

FAZER AMIGOS NA ERA DA SOLIDÃO

que tenha o privilégio de estar vivo. [...] Fazer nada é uma tarefa *difícil*".

3. Passe mais tempo em meio à natureza. Uma simples caminhada ao ar livre faz maravilhas. É uma oportunidade de inalar o aroma das flores, observar as árvores, escutar o vento, conversar com os pássaros, admirar as nuvens. De esquecer as notificações no celular e de se reconectar com a sensação de estar vivo no planeta Terra – assim como de lembrar que precisamos fazer todo o possível para salvar o clima.

4. Ritualize o tempo a sós. Crie uma *playlist* para escutar nesse tempo. Acenda uma vela. Sente-se em sua almofada favorita. Admire a vista de sua janela favorita. Caminhe por seu trajeto favorito. O encontro consigo mesmo deve ser especial, sagrado.

5. Tome um chá sozinho. Adquira o hábito de tomar um chazinho em sua própria companhia. Meditar, escrever um diário, desenhar, ou simplesmente estar: você não precisa da companhia de cinco outras pessoas para se sentir bem consigo mesmo e refletir sobre o que faz você ser você. Ficar confortável na própria presença é algo que requer prática, e, quanto mais você pratica, mais autoconsciência desenvolve, e mais desenvolve também aquele músculo da fraternidade humana de que fala Ankit.

Celebre o sabá

Entre os rituais que estabeleci nesta quarentena, o meu preferido é o sabá. O sabá judaico, o dia do descanso, que começa no pôr do sol de sexta-feira e vai até o pôr do sol de sábado. Durante o sabá, os judeus mais tradicionais não usam tecnologia, não acendem as luzes nem usam o forno, assim como não dirigem automóvel. O sabá é o detox digital raiz, criado muito antes dos celulares e das redes sociais. É uma oportunidade de respirar fundo e desacelerar depois de uma dura semana de trabalho. Embora seja um judeu não praticante, me senti impelido a celebrar o sabá de modo especial durante a quarentena. O sabá me faz lembrar dos meus dias de criança em Cambridge, Massachusetts: ainda que a minha família não fosse muito religiosa, na sexta à noite nós nos reuníamos para acender velas e cear, e eu adorava solenizar assim o término da semana. Após acender as velas, sempre nos uníamos num abraço familiar.

O começo do isolamento me pareceu um bom momento para reaver a celebração do sabá. Ao final da primeira semana de uma quarentena que se alongaria por meses, enviei a um pequeno grupo de amigos um convite no calendário para

FAZER AMIGOS NA ERA DA SOLIDÃO

acender velas de sabá às 19h30 de sexta-feira, por videoconferência. No fim, nosso Shabat ShaZoom, que ocorreu por 12 semanas seguidas, já contava com 40 participantes, alguns dos quais eu nem conhecia (e a maioria dos quais nem sequer eram judeus!). Cada celebração começava com um minuto de silêncio, em que fechávamos os olhos e respirávamos fundo; então, agradecíamos por nossa própria existência, por nossa saúde e por todos os profissionais que estavam dando o máximo de si para nos manter protegidos em tempos tão duros: médicos, enfermeiros e outros profissionais da saúde, produtores agrícolas, entregadores e caixas de mercado. Na sequência, cantávamos uma canção juntos, e eu perguntava se alguém gostaria de fazer uma oração por um conhecido doente ou em risco. Eram feitas orações para os idosos, para os detentos, para os confinados em campos de refugiados, para aqueles em situação de rua. Com o passar das semanas, surgiram orações para familiares que estavam prestes a dar à luz ou que estavam lutando contra um câncer e para amigos que haviam perdido o emprego. Em abril, passou a haver orações para amigos que tinham testado positivo para covid-19, e em maio os participantes estavam contando sobre tios, primos ou vizinhos que morreram da doença. Depois das orações, acendíamos as velas de sabá e fazíamos as bênçãos antes de comer o pão e tomar o vinho.

Todo o ritual não levava mais do que vinte minutos, mas era o evento mais significativo da semana para mim. Ele me enchia de benevolência. Era um suspiro de alívio. Dava-me a chance de ver o rosto de pessoas queridas. Nós gargalhávamos, ríamos, chorávamos juntos. Compartilhávamos a tristeza causada pela pandemia. Mas também dividíamos as boas notícias: um projeto concluído, um livro escrito, um novo animal de estimação, um closet organizado à Marie

Kondo, uma visita aos pais ou netos após tanto tempo de isolamento. O sabá funcionava para mim como um lembrete semanal do impacto que a covid-19 estava causando no dia a dia das pessoas que eu amava, para muito além das terríveis manchetes do *New York Times* ou dos repulsivos, dos cruéis *tweets* de Donald Trump.

Descobri que não existe um jeito certo de realizar o sabá. Não é preciso ser religioso, nem mesmo judeu. A única prece que é necessário conhecer é a pessoa a quem se dedica os pensamentos. Não faz diferença se o encontro se dá pelo Zoom ou em torno da mesa da sala de jantar da matriarca. É o ato de desacelerar até parar para refletir, de honrar a passagem do tempo, de marcar o fim de uma semana e o começo da seguinte, de acender velas para agradecer por toda a luz em nossa vida que eu desejo incorporar daqui para sempre.

Seja um homem sentimental com outros homens

A maioria dos livros e artigos sobre amizade que li durante a pesquisa para este livro era escrita por (e para) mulheres, o que me fez pensar que precisamos de um novo paradigma cultural de amizade entre homens, um que seja saudável e maduro. A representação hollywoodiana da amizade masculina geralmente exalta a misoginia e a masculinidade tóxica. (Foi mal, *Superbad*. Adoro o Michael Cera e o Jonah Hill, mas vamos ser honestos aqui: o filme, como a maioria das comédias do tipo, naturaliza a cultura do estupro.)

A ausência de modelos positivos de vínculo afetivo entre homens tem sérias implicações na vida real. Na Grã-Bretanha, 2,5 milhões de homens afirmam não ter amigos íntimos; além disso, homens ocultam dores e doenças em uma proporção muito maior do que mulheres e apresentam uma tendência três vezes maior do que elas de cometer suicídio. No caso dos homens negros ou não brancos, tais ônus na saúde mental são agravados pelo racismo estrutural. Precisamos de mais exemplos de homens que assumam um comportamento afetivo e sensível com outros homens. Precisamos de mais histórias de intimidade saudável entre homens cuja trama seja sobre crescimento pessoal, e não sobre tentar comer alguém.

Aos 35 anos, meu amigo Brent Schulkin se deu conta de que não fazia parte de nenhum grupo de homens no qual se sentisse à vontade para expressar sua afetividade e decidiu dizer o seguinte aos amigos mais próximos:

Sinto que não dedico tanto tempo quanto deveria aos amigos. Sinto que estou apenas reagindo dentro das amizades, que parei de tomar atitudes.

Sinto que incluo as pessoas na minha vida por inércia, e quero passar a prestar atenção no quanto sou influenciado por cada indivíduo à minha volta e assim selecionar mais os amigos.

Percebi que a maioria das minhas amizades íntimas é com mulheres e desejo equilibrar meu círculo de amigos nesse aspecto.

Notei que meu pai não tem um grupo de homens que sejam amigos íntimos, diferente de minha mãe e suas amigas, e, ao conversar com pais de amigos, fiquei chocado ao perceber o quanto isso é comum. É provável que eu tenha assimilado comportamentos e noções que me farão seguir esse caminho, e só depende de mim tomar um rumo diferente.

São poucas as pessoas com quem, ao longo da vida, me senti à vontade para ter conversas sentimentais, íntimas, emocionais, profundas. Embora eu tenha a possibilidade de ter tais conversas se precisar, a ausência de um espaço no qual elas sejam consideradas normais ou corriqueiras as torna menos frequentes do que poderiam ser.

FAZER AMIGOS NA ERA DA SOLIDÃO

Brent decidiu tomar uma atitude e começar um grupo de homens com seis amigos – todos de diferentes núcleos e épocas de sua vida –, que há quatro anos se reúne a cada seis ou oito semanas, cada vez na casa de um deles. Em cada encontro, todos contam sobre a vida, os projetos, as dificuldades, ou sobre algo que precisam colocar para fora. Eles começam com um jantar, seguido de uma meditação para se fazerem presentes de corpo e alma; depois, cada um passa de 5 a 15 minutos falando sobre as novidades. Após essa "apresentação", os demais fazem uma ou duas perguntas antes de passar à próxima pessoa. Por fim, o grupo conversa sobre um tema escolhido (sempre pelo dono da casa), que pode ser comunicação com o/a parceiro/a e os pais, comportamentos saudáveis, responsabilização, ou uma questão como "O que lhe dá alegria de viver?" ou "Se pudesse começar do zero, o que você faria diferente?".

Eis, segundo Brent, alguns dos princípios do grupo para promover a intimidade entre os participantes:

Confidencialidade. Obviamente, não há nenhum problema em falar sobre a própria experiência fora dali, mas o que os amigos confidenciam no grupo fica no grupo.

Exercite a afetividade. Esse é um aspecto que os homens, particularmente, precisam exercitar, e a confidencialidade propicia isso. Com o passar dos anos, conforme os participantes do grupo passaram a se conhecer melhor, a afetividade entre eles aumentou notavelmente.

Não julgue. "Perceba os juízos que querem escapar de você e detenha-os com gentileza, questione-os e, se for o caso, descarte-os", disse um dos membros do grupo. Por mais que seja impossível não julgar nunca, não custa nada se esforçar.

Só se meta se o outro quiser. Embora a maioria de nós goste que os outros se metam em nossos problemas para tentar ajudar e que isso contribua para tirar o máximo da experiência, às vezes simplesmente não é o que precisamos; por isso, pergunte antes de sair oferecendo soluções, como os homens estamos tão acostumados a fazer.

A estrutura do grupo pode ser simples, mas, segundo Brent, o impacto que ele causou em sua vida foi profundo. "São os homens, na nossa cultura, que sofrem para estabelecer amizades, e são eles que urgentemente precisam exercitar aquelas formas de se relacionar que, nessa mesma cultura, parecem ser mais comuns entre as mulheres", disse. "Isso tem me proporcionado algo que me faltava dentro das amizades, que é um senso de rotina, de estabilidade." Dezenas de homens com quem conversei admitiram enfrentar questões parecidas em suas amizades com outros homens na vida adulta. Ashanti Branch, um grande amigo e um dos melhores palestrantes que conheço, fez sua missão de vida ajudar jovens a se conectarem mais com as próprias emoções; ele fundou e dirige o Ever Forward Club, em Oakland, Califórnia, que começou como um espaço acolhedor para que jovens homens não brancos, desassistidos e em situação de risco pudessem conversar sobre a vida sem medo de serem julgados e que hoje atende a jovens do sexo masculino com os mais diversos históricos.

Quando era chefe do corpo docente no Fremont High School, em Oakland, o mesmo colégio em que se formou, Ashanti percebeu que muitos dos jovens com os quais lidava afirmavam estar tudo bem quando na realidade a situação era bem diferente. Ashanti passou a ajudá-los a se desarmar e a expressar suas dores, perdas, inseguranças, carências, medos, solidão, ansiedade, depressão e raiva. Esse trabalho de

FAZER AMIGOS NA ERA DA SOLIDÃO

Ashanti de ajudar jovens a se abrirem aos próprios sentimentos e a se tornarem mais capazes de lidar com eles é apresentado no documentário da Netflix *A máscara em que você vive*, da diretora Jennifer Siebel Newsom, que mostra a grande dificuldade dos garotos em descobrir e respeitar a própria individualidade na sociedade estadunidense, na qual a noção de masculinidade é essencialmente repressora.

Se você deseja criar ou participar de um grupo de homens ou saber mais sobre a masculinidade moderna, veja o guia disponível em smileyposwolsky.com/friendship [em inglês].

Celebre as outras mulheres

Muitas das mulheres que entrevistei para este livro me disseram fazer parte de algum grupo de mulheres que tem um papel fundamental em sua vida social. Ilana Lipsett, Alanna Mednick e outras treze amigas se reúnem todo mês desde 2012 num círculo que nasceu do desejo por um espaço mais ritualístico no qual elas pudessem se unir e se apoiar. O grupo tem o seguinte lema: "Você é capaz, e nós estamos logo atrás", e foi inspirado no clube de mulheres que a mãe de uma das participantes frequenta há mais de trinta anos.

Cada encontro é mediado por uma aniversariante do mês, e quem não pode comparecer participa por vídeo; para dar início, uma delas conduz as boas-vindas e uma meditação, e então a mediadora escolhe o tema do encontro, em geral na forma de uma questão do tipo "Do que você gostaria de se desprender neste ano?" ou "Quais recursos você gostaria de oferecer nestes tempos de levante social e de lutas por justiça racial?". Cada participante expressa o que está em seu coração sem ser interrompida pelas demais, que apenas escutam e, ao final da fala, perguntam: "Você precisa de algo neste exato momento?". Para se manter em contato no período entre um encontro e outro, as participantes têm um grupo de WhatsApp no qual contam sobre os acontecimentos ou as dificuldades, solicitam apoio ou conselhos ou convidam para eventos sociais.

Esse formato simples proporciona às mulheres um espaço confidencial no qual podem conversar sem a preocupação de ser julgadas, assim como escutar sem a pressão de ter de resolver os problemas alheios com o conselho certeiro. Ilana e Alanna exaltaram o bem que faz a companhia das outras mulheres, com quem elas desenvolveram fortes amizades graças aos encontros mensais.

"O grupo proporciona um sentimento coletivo e um tipo de ligação que muitas vezes não existe nas interações do dia a dia", explicou Alanna. "Percebo claramente o meu próprio amadurecimento e o das meninas ao longo desses anos. É um espaço completamente seguro para escutar outras mulheres, para dizer abertamente o que está no coração e nos pensamentos, é um espaço no qual me sinto à vontade para me expressar. O fato de saber que todo mundo tem dificuldades, de saber o que acontece nos bastidores das redes sociais, isso me fez aceitar melhor as minhas emoções, os meus sentimentos, me fez sentir legitimada."

"O Facebook e o Instagram impessoalizaram as relações com essa coisa de as pessoas transmitirem os grandes acontecimentos da vida a cada segundo, para o mundo todo", acrescentou Ilana. "No clube das mulheres, eu vivencio uma perspectiva mais íntima da vida das pessoas, e me abro para mulheres em quem confio e respeito. Falamos sobre términos, filhos, questões de saúde, casamento, noivado, morte dos pais, e viver tudo isso tão de perto é um aspecto da experiência humana que nem sempre é possível, e imbui essas relações de um significado mais íntimo."

Pedi a Ilana e Alanna que dividissem seus conselhos para mulheres que queiram criar um espaço parecido, e isto foi o que elas me disseram:

1. Conte para o mundo sobre a sua intenção. Se você quer se unir a outras mulheres, diga para o mundo o que pretende criar e o tipo de pessoa que busca, e muito provavelmente algumas mulheres incríveis se juntarão a você. Mande e-mail para as conhecidas, poste no Facebook ou no Nextdoor, converse com as colegas de trabalho, espalhe a palavra.

2. Defina os valores e as regras do grupo. Discuta com as participantes o que elas desejam obter da experiência, deliberem o que vocês podem fazer para criar um espaço que seja seguro, inclusivo, confidencial e acolhedor. Definam se é melhor manter o grupo fechado para novas participantes – para que as integrantes se conheçam a fundo e criem confiança entre si – ou se vocês querem receber novas pessoas no círculo, assim como as regras para isso.

3. Planeje, mas não planeje demais. Não seja rigorosa quanto ao processo; é bem possível que o grupo não precise de um planejamento ou cronograma tão meticuloso. O ato de se reunir e conversar abertamente já tem em si um enorme potencial. Descubra aos poucos o que é melhor para o grupo em termos de frequência dos encontros e na casa de quem acontecerão (ou se será on--line ou por vídeo, no caso de as integrantes morarem longe umas das outras) e tente distribuir as responsabilidades de organização, para que ninguém fique sobrecarregado. Defina um meio de manter o contato e a comunicação: um grupo de WhatsApp ou Facebook, um canal no Slack etc.

4. Celebre as outras mulheres. Não celebramos tanto quanto deveríamos as conquistas pessoais ou profissionais de nossas amigas. "Em relação às mulheres especificamente, nossa cultura se baseia em censurá-las, em criticar cada aspecto de sua personalidade, de seu corpo", diz Ilana. "As mulheres precisam de um grupo de companheiras que as celebrem em vez de censurá-las, que as apoiem em vez de condená-las, que lhes permita existir em toda sua feminilidade em vez de querer escondê-la." "O mundo seria um lugar melhor se todos tivessem um grupo de mulheres ou de homens ou de pessoas no qual fossem recebidos de braços abertos e se sentissem à vontade para falar sobre suas questões", completa Alanna. "Até pela natureza do mundo em que vivemos, precisamos lutar para que as mulheres tenham esses espaços seguros."

Crie um clube dominical

Quando morei em Washington, tive dificuldade para conhecer pessoas com interesses em comum; todo mundo era obcecado por política, e eu queria conversar sobre outros temas. Essa dificuldade acabou quando descobri um grupo informal chamado Monday Night Activity Club, criado por Gayle Abrams, hoje minha grande amiga. Foi no MNAC, como o chamamos, que fiz meus amigos mais próximos na capital.

Gayle conta: "Eu era professora primária em Washington e queria interagir com outras pessoas além daquelas para quem ensinava as primeiras noções de fração. Queria sair para dançar, dar risada, me divertir. Foi assim que o Monday Night Activity Club nasceu. As pessoas começaram a comentar, e quando me dei conta já tinha feito amizade com uma galera extremamente talentosa e sensacional".

A ideia era simples: juntar um pessoal meio *nerd* na segunda à noite para fazer algo em grupo. A cada semana, a atividade era escolhida e organizada por um integrante diferente; já jogamos *frisbee* no Parque Malcolm X e rouba-bandeira no National Mall, tivemos a noite das miçangas, organizamos jantares, fizemos *beatboxing*, jogamos futebol com bola de pilates, e também já ficamos apenas lendo na companhia uns dos outros. Eu sempre criava uma grande expectativa para encontrar aquelas pessoas na segunda à noite.

Uma de nossas segundas mais memoráveis foi o dia em que Gayle levou às escondidas para casa o projetor da escola e quinze de nós ocupamos o quarto da colega de apartamento dela para aprender com Hayley os passos de "Call Your Girlfriend". Quase dez anos depois, espalhados pelos Estados Unidos, quarentenados devido à covid-19, nós organizamos um Zoom para dançar a música de Robyn de novo – que Gayle rebatizou de "Zoom Your Girlfriend".

"Estava me sentindo meio sozinha, mas não curto beber para socializar, e em geral os adultos entendem 'diversão' como sinônimo de happy hour ou outra atividade que envolva álcool", comentou Gayle. "Eu sentia muita vontade de criar uma conexão genuína com outras pessoas que também gostassem de brincar no sentido mais infantil do termo e que estivessem a fim de fazer coisas diferentes e até um pouco constrangedoras. Foi assim, descobrindo coisas *novas*, que construímos fortes amizades. E era legal perceber que atividades diferentes – futebol com bola de pilates, pega-pega, sarau, baile dos anos 1980 etc. – cativavam diferentes pessoas. Quando alguém participava pela primeira vez, eu fazia questão de conhecer melhor a pessoa. Perguntava como ela tinha conhecido o grupo, se queria conduzir alguma atividade, ou o que ela achava que podia ensinar de interessante aos outros."

Para Gayle, era importante que o MNAC fosse aberto e acessível a qualquer um e que jamais se tornasse um espaço exclusivo. Ela nunca postou sobre o grupo nas redes sociais, mas, conforme mais pessoas apareciam e curtiam as atividades, ele naturalmente passou a surgir nas conversas em festas e jantares. O grupo do MNAC no Google chegou a ter mais de trezentas pessoas. "A lista de e-mails se transformou em uma ferramenta de uso coletivo", comentou Gayle. "Além das atividades do MNAC, passou a ser usada para pedir coisas ou para informar sobre outros eventos que estavam rolando na cidade."

Experimente criar um clube de segunda (ou de terça!) em sua cidade. Convide alguns poucos conhecidos, ou poste no Facebook, no Eventbrite ou no Meetup. As possibilidades de atividades são infinitas; aqui vão apenas algumas sugestões para dar o pontapé inicial:

Passear de bicicleta
Fazer cerâmica
Grafitar um mural
Tomar chá
Começar um clube de leitura
Jogar jogos que promovam conexão
Fazer improvisação
Meditar
Jogar Dungeons & Dragons
Cozinhar
Fiscalizar os representantes políticos locais
Praticar banho sonoro
Escrever poemas
Cantar
Plantar
Jogar jogos de tabuleiro
Filmar um clipe
Coreografar uma música da Robyn
Contar e ouvir histórias
Gravar um *podcast*
Fazer trabalho voluntário
Arrecadar fundos para alguma iniciativa

Crie uma *playlist* para celebrar os amigos

Você já fez uma lista de todos os lugares em que morou, das pessoas que conheceu nesses lugares e que transformaram sua vida e das músicas que fazem você lembrar dessas pessoas especiais? Eu nunca tinha feito isso até que a minha amiga Catherine Woodiwiss, do MNAC, me inspirou a criar a *playlist* "Para todos os meus amigos".

Catherine estava de mudança para Austin após nove anos em Washington, e decidiu fazer a *playlist* e postar no Facebook para celebrar essa transição; a lista era dividida em nove capítulos relacionados à sua vida na capital, cada um com músicas que a lembravam de amigos especiais desse período da vida. Ela chamou a *playlist* de "DC: lembrei de você". "Quando você passa quase uma década vivendo de música em um lugar, sendo um ser sinestésico, que faz muitas associações musicais, as memórias se acumulam", escreveu Catherine. "Comecei a fazer a lista por um capricho – colocar no papel aquelas canções que descobri graças a vocês, que toquei junto com vocês, que cantei nas viagens com vocês, que dancei com vocês, ao som das quais trabalhei com vocês, que escutei em shows com vocês, que cantei com vocês, que cantei para vocês –, e quando vi tinha quase setenta músicas associadas a pessoas. Amigos de Washington, por cada uma destas canções que me fazem lembrar de vocês: obrigado! Obrigado por ensejarem a criação de uma trilha sonora extremamente nostálgica e piegas para esses nove anos maravilhosos."

Que fique registrado que a minha música está no terceiro capítulo (2011) da *playlist* de Catherine, e é "Midnight City", do M83. Quando li a postagem, fui transportado para as festas tarde da noite na casa dos amigos, para o JamJar, uma casa de shows na Lamont Street, para as danças com Catherine, Gayle, Ann, Meredith, Abe, Fanfoni e Nate. Fui tomado de alegria com essas lembranças, imediatamente coloquei "Midnight City" para tocar e comecei a dançar sozinho no quarto.

O que você está esperando? Faça já uma lista dos diferentes capítulos de sua vida. Depois, das pessoas que mais o influenciaram nesses momentos e das canções que o fazem lembrar dos episódios com esses amigos tão amados. Se achar que deve, compartilhe a *playlist* com eles.

Planeje uma despedida de solteiro (ou de solteira) que seja cheia de significado

Quando se pensa em um grupo de homens reunido para celebrar o amigo que vai se casar, duas coisas vêm à cabeça: álcool e uma boate de striptease em Las Vegas. Vegas é provavelmente o lugar de que menos gosto no mundo, e sou grato por ser cercado de homens que pensam o mesmo.

Na despedida de solteiro do meu grande amigo Milo, dois anos atrás, ele e seus amigos mais próximos nos reunimos em uma praia no litoral de Sonoma para celebrar nossa amizade. Como Milo ama desenhar, comprou para cada um a sua caneta favorita – uma Micron –, com a qual desenhamos um mural. Na sequência, todos nós ficamos nus, caminhamos até o coração do oceano Pacífico e, de braços enlaçados, fizemos uma corrente para não sermos derrubados pelas ondas. É isso mesmo: a despedida de solteiro consistiu em oito caras pelados na praia, desenhando com Micron e pintando aquarelas. O bagulho foi selvagem. Depois, formamos um círculo e falamos sobre nosso amor por Milo, que também falou sobre seu amor por cada um de nós. Mais tarde, projetamos *O grande Lebowski* na parede de um celeiro, relaxamos numa banheira de hidromassagem e ainda fizemos uma festa que rolou até as três da manhã. Foi uma noite mágica.

Já na despedida de solteiro de Dre, percorremos de caiaque a baía de Tomales, ao norte de Point Reyes, Califórnia, e acampamos por duas noites numa praia completamente isolada. Sempre fiquei intrigado com o fato de todo mundo fazer a despedida de solteiro num bar ou numa boate... Cara, por que eu iria querer passar essa ocasião com um verdadeiro irmão em um lugar escuro, abarrotado de estranhos? Nas duas noites na praia de Pita, nós ficamos completamente afastados da civilização, de outros seres humanos, em um cenário espetacular e seguro, para aproveitar a companhia uns dos outros. Corremos nus sob o sol. Observamos as nuvens. Passeamos de caiaque à luz da lua e das estrelas. Cobrimos nossa bosta com mato. Tentamos estabelecer comunicação com as garças. Sentamos em volta de uma fogueira e contamos todas as histórias dos tempos de faculdade que conseguimos lembrar. Ficamos citando *Seinfeld* e *O grande Lebowski* até cansar. Caímos no chão de tanto gargalhar. Cantamos "This Must Be the Place (Naïve Melody)", do Talking Heads, a plenos pulmões. Quando o frio se abateu sobre nós seis, nos abraçamos num bloco por uma eternidade que pode ter durado 5 ou 50 minutos, jamais saberemos. Foi uma vivência espiritual carregada de unicidade, de fraternidade. Hoje em dia, quando a turma da praia de Pita se reúne pelo Zoom, comentamos sobre trabalho, sobre família, mas invariavelmente passamos metade do encontro lembrando do tempo que passamos juntos na baía de Tomales.

Quando for organizar uma despedida de solteiro, tente pensar em comemorações que de fato homenageiem aquele ser humano que você deseja honrar. De que formas você pode demonstrar que ama o seu amigo pelo que ele *é*? De que formas você pode expressar – emocionalmente – a importância que ele tem para você? Tente criar uma experiência que seja significativa e verdadeiramente memorável.

Pense como um CXO

Se a vida fosse uma empresa, Levi Felix seria seu diretor de experiências, seu CXO. Quando se tratava de conceber vivências e rituais, ele era meticuloso (um traço de personalidade que resvalava a obsessão) e não perdia a chance de produzir uma experiência transformadora. Passava horas da noite andando entre as sequoias com a equipe de produção do Camp Grounded a fim de se certificar de que cada árvore estivesse iluminada à perfeição para enlevar os participantes na magia da natureza. Quando recebiam o kit de boas-vindas e eram designados para uma das aldeias, os participantes recebiam também um envelope cheio de *glitter* que fazia uma bagunça.

Com Levi, um jantar não era apenas um jantar: antes de comer, você tacava fogo em seu medo mais profundo – aquele que o impede de viver uma vida mais autêntica – e então se sentava na companhia de 350 pessoas, todas em silêncio, todas de branco, sobre uma toalha de piquenique, à luz de velas e das estrelas, em meio às sequoias e ao som de uma cítara.

Ao lado de Levi, todas as tarefas mais triviais que compõem o dia a dia – comer, conversar, caminhar – se transformavam em momentos carregados de significado, de reflexão e de gratidão. Além de excelentes oportunidades para zoar as pessoas – um zombeteiro incorrigível, nada dava mais prazer a Levi do que mexer com a cabeça dos outros e fazê-los questionar o mundo à sua volta.

Ir ao Burning Man com Levi significava carregar quinze quilos de sushi e saquê até o deserto, pensando: "Cara, por que eu estou levando peixe cru para o meio do nada?!". Porque Levi achou que seria incrível fazer uma cerimônia de jantar com duração de três horas, às duas da madrugada, por isso.

Certa vez, na *playa*, a galeria de arte a céu aberto do Burning Man, durante a exposição de carros alegóricos, Levi apresentou assim para outro *burner* os integrantes do nosso carro *Zen pá Porra* (essa apresentação durou uns vinte minutos): "Me chamo doutor Fidget Wigglesworth, sou pós-pós-pós-doutor em desintoxicação digital, filosofia e estudos terráqueos. Este é Bruce, meu companheiro de vida. Este é Mobius, meu irmão e sócio. Estes são Moose, Smiley, Barnaby, Smokey e KJ. Viemos em busca da chave do universo... e também da minha bateria, que não acho de jeito nenhum". O interlocutor encarou Levi como se este fosse completamente pirado e falou: "Bem, eu me chamo Rob e estou bêbado".

Varamos a madrugada correndo loucamente pela *playa* como crianças numa loja de brinquedos e assistimos ao nascer do sol no deserto de Black Rock entre amigos. Logo após a alvorada, avistamos um ônibus escolar e, adivinhe, a bateria de Levi estava nele. Acho que também encontramos a chave do universo: passar mais tempo com os amigos, simples assim.

Quarenta rituais sensacionais para realizar com os amigos

Se você não está conseguindo pensar em rituais de amizade, aqui vão alguns para você se inspirar:

Ashley Rose Hogrebe, fundadora da Do the Damn Thing, um serviço para profissionais criativas feministas que facilita o gerenciamento e a incumbência de metas, teve a ideia de realizar a You Did It!, uma festa para celebrações não convencionais. Os participantes se reúnem para comemorar um novo negócio, a primeira parceria profissional, o primeiro cliente, um crescimento nos gráficos, uma nova identidade visual da marca, o fato de haver encontrado um terapeuta, enfim, qualquer coisa.

Melissa Wong é a mediadora do Messy Circles, no qual os indivíduos, reunidos em um pequeno grupo, são livres para serem imperfeitos e destemperados e para terem um pouco de companhia em fases complicadas da vida. Trata-se de um espaço de apoio que recebe de braços abertos o caos mental e sentimental dos corajosos participantes.

Jillian Richardson distribui lembretes de fabulosidade. Sempre que, durante uma conversa, comenta que certa pessoa é fabulosa, Jillian para tudo e lhe envia uma mensagem para dizer o quanto ela é incrível. "Eu nunca sei como a pessoa está quando mando essa manifestação randômica de amor, e às vezes recebo como resposta algo como 'Eu estava num momento péssimo, precisava ler algo assim'", diz Jillian.

Os amigos Nathalie Arbel e Hunter Franks costumavam trocar mensagens de texto de boa-noite antes de irem dormir. É gostoso receber um desejo de boa noite de um amigo, lembra os tempos de criança em que seus pais liam *Boa noite, Lua* na cama para você.

Todo ano, a mãe de Nathalie e suas três melhores amigas, todas imigrantes europeias na casa dos 60, fazem um fim de semana das garotas. Não houve um ano nos últimos trinta em que, mesmo com os empregos e filhos, elas deixaram de escapar por um fim de semana, uma tradição que começou na Califórnia, onde se conheceram.

Anna Akullian e sua amiga Gina têm seu tradicional telefonema de 17 de novembro. Quando estavam na sétima série e já eram melhores amigas, elas fizeram o pacto de sempre se falarem nesse dia, e já se vão dezessete anos desde então.

Anthony Scopatz e Jana Hirsch Anthony criaram a Sextexcêntrica: toda sexta, eles fazem um jantar na casa de um amigo em que cada convidado precisa levar um prato de comida e o coração aberto.

Meus pais decidiram acampar pelos Estados Unidos como uma espécie de última aventura antes da senilidade. Quando fizeram 62 anos, adquiriram um bilhete vitalício que permite a entrada em todos os parques nacionais. Os dois cruzaram o país para acampar nos parques de Rocky Mountains, Bryce Canyon, Arches, Sequoia e Kings Canyon, ao preço de 10 dólares cada. Na última parada da viagem, eles – completamente rejuvenescidos – encontraram a mim e minha irmã no parque de Yosemite.

O desejo de revitalizar a conexão afetiva no mundo moderno fez Erin Kim criar a *Lettres Mag*, uma revista impressa que compila cartas de amor do mundo todo.

Kat Vellos escreveu *Connected from Afar*, uma coleção de perguntas e gatilhos de conversa para aprofundar as amizades, mesmo a distância. Um dos meus favoritos é o "Review do Yelp", em que dois amigos fazem uma resenha um sobre o outro como se o texto fosse ser lido por um desconhecido.

Patrick Ip e Christine Lai Patrick realizam *baller dinners* pelo país. São jantares entre grupos selecionados, multigeracionais e interdisciplinares formados por 8 a 15 pessoas, as quais contribuem com o custo do jantar. Os participantes são indivíduos que acreditam que a ação supera a promessa, que a humildade supera a arrogância e que a inclusão supera a exclusão. Nos jantares, eles são convidados a contar a sua trajetória, mas não sem antes deixar o ego na entrada e perguntar "Como posso ajudar?".

Toda santa noite, Mel Brooks dirigia de Santa Monica até Beverly Hills para conversar, jantar e assistir a *Jeopardy!* com Carl Reiner, seu amigo por mais de setenta anos. Carl faleceu em 2020, porém Mel não lamenta: "Eu aproveitei: fui agraciado com um amigo, com amor e com comida de graça. Comida de graça é algo muito importante".

A minha amiga Sara Weinberg é um verdadeiro baú de tesouros quando o assunto é rituais de amizade. Eis alguns de seus favoritos. Carona em troca de tacos: você oferece uma carona a alguém até o aeroporto (ou ajuda na mudança de casa ou com um favor) e, em troca, a pessoa o leva para comer tacos. No lugar de uma recompensa em dinheiro ou na forma de um presente, essa transação proporciona mais tempo junto com o amigo.

Cumprimento exclusivo: Sara e um amigo inventam um aperto de mão ou um abraço inédito que passa a ser o cumprimento exclusivo entre eles. Isso torna o encontro com os amigos divertido e afetuoso logo de cara, ainda mais para ela, cuja linguagem do amor é o tato.

Encontros românticos entre amigos: Sara convida os amigos para encontros cafonas-pero-no-mucho. "Por que a gente só pode ser 'romântico' com um amante?", indaga. Ela compra flores, se arruma, leva para jantar e até faz surpresas. Durante a quarentena, teve alguns desses encontros pelo Zoom.

Um ritual a distância praticado por Sara é a jornada sentimental pelo Facebook, em que ela e um amigo compartilham a tela e cada um escolhe fotos do Facebook do outro, que então conta a história por trás daquela imagem.

Por fim, Sara e um amigo fazem resoluções conjuntas anuais. O tema da última foi "Alegria", bem autoexplicativo. Toda vez que interagiam, eles tentavam provocar alegria um no outro – fazer abrir um sorriso de orelha a orelha, gargalhar incontrolavelmente ou o que quer que os fizesse felizes quando se encontravam.

Ankit Shah criou a Silent Hike Society, que reúne um pequeno grupo de pessoas para uma trilha percorrida em silêncio, seguida de um almoço em que, aí sim, a conversa está liberada.

Liz Travis Allen e os amigos têm um clube culinário virtual para quando estão afastados pela distância. Durante a quarentena, eles leram o livro *Sal, gordura, ácido, calor*, de Samin Nosrat, e usaram o aplicativo Marco Polo para compartilhar vídeos de seus pratos.

Os amigos Liz e James, ambos viajantes assíduos, têm uma data fixa no calendário para se falarem. No dia 12 de setembro de cada ano, eles se telefonam para saber por onde o outro anda e como tem passado.

Pelos últimos treze anos, uma vez por mês durante todo o verão, os pais de Liz, Dean e Susan, que têm por volta de 60 anos, organizam um passeio de caiaque com os amigos pela baía de São Francisco, sob a lua cheia.

Todo junho, Fred, de 72, e Linda, de 60, recebem as pessoas em sua casa, em Lake George, Nova York, para o Dia de Ação de Parças. Eles, que não conheciam ninguém quando se mudaram para lá, nove anos atrás, começaram a fazer amizades por intermédio de seu corretor de imóveis. O primeiro Dia de Ação de Parças teve 12 participantes, e hoje em dia já são mais de 30 – muitos dos quais consideram esse o grande evento do ano. A celebração tem até uma logomarca: um peru com botas de montanhismo sentado numa cadeira de madeira.

Kasley e uma amiga fazem uma noite de relatos. Em vez de uma garrafa de vinho, os convidados devem oferecer uma história pessoal relacionada a um tema –por exemplo, "Revelação recente". Depois de uma conversa para quebrar o gelo, os desconhecidos contam sua história diante de um grupo acolhedor.

Mark Brenner, de 71, e seu melhor amigo Buzz, de 67, têm um clube do café da manhã. Há quinze anos, uma vez por ano, eles se encontram às 8h56 (para evitar a superlotação das 9h) em algum restaurante que serve café da manhã. Normalmente, passam duas horas e meia conversando sobre relacionamentos, família, trabalho, política e, nas palavras de Mark, "nossas reflexões seinfeldianas, disparatadas e ranzinzas sobre a humanidade".

O passeio anual de canoa que Lauren Cohen Fisher faz no Maine com o mesmo grupo de amigos desde 2015 mostrou a ela que amizades ensejam rituais, mas que rituais também ensejam amizades. Algo de mágico ocorre fora da área de serviço do celular, entre furacões, nuvens de mosquito e maravilhosos pores do sol.

Lauren também tem um almoço fixo às terças com suas três melhores amigas. Elas vão de bicicleta do trabalho para o restaurante, onde almoçam por uma hora. É um evento sagrado, em que elas se mantêm incomunicáveis para o mundo, como fariam numa reunião importante.

Quando estão chateadas, Lauren e uma amiga às vezes escrevem cartas anônimas para pessoas que acham na lista telefônica.

Matt e seus companheiros fazem o sábado das panquecas após surfarem pela manhã.

Toda manhã, Maggie e os amigos realizam um exercício de gratidão: cada um envia para o grupo uma mensagem falando sobre algo pelo qual é grato.

Os funcionários mais antigos da Good Eggs, uma empresa de entrega de produtos orgânicos, costumavam fazer um jantar às terças. Eles compravam os ingredientes no mercadão e cozinhavam juntos.

Michael Liskin, Rebecca, Beth e mais vinte amigos têm um encontro de Ano-Novo. Os participantes vão com seus filhos até Venice Beach para ver o pôr do sol e conversar sobre suas resoluções para o futuro.

Por um ano inteiro, diariamente, Dev e Lisa enviaram uma foto um para o outro e, ao final do ano, fizeram um álbum com todas elas.

Na época da faculdade, Dev e sua amiga Mimi trocaram um conjunto de cartões-postais já com selo e endereço, para facilitar a troca de correspondência. Doze anos depois de ganhar seu conjunto, Dev encontrou um cartão perdido em sua escrivaninha e fez uma surpresa para Mimi.

Durante os últimos oito anos, Lani e outros quarenta amigos e familiares fizeram um amigo da onça em que só vale comprar fantasias. Para eles, é uma maneira de trazer um pouco de alegria à época mais melancólica do ano, o solstício de inverno. Cada pessoa leva uma fantasia embrulhada e então é sorteada com uma das fantasias e precisa vesti-la e interpretar o personagem. "É uma festa, mas também é uma congregação", diz Lani. "Dessa forma, você encontra os amigos, passa vergonha junto." Sebastian, um amigo de Lani que é DJ, escolhe a música que combina com a fantasia, e a pessoa desfila como uma diva.

Jenny Yrasuegui e outras sete amigas têm o ritual do presente de aniversário coletivo. Em vez de cada uma comprar um presente, elas fazem uma vaquinha, e a aniversariante da vez não só se sente especial como pode escolher algo bacana.

Josh Kelley e seu colega de apartamento se brindam semanalmente com uma atividade de descompressão. Primeiro, eles se sentam na varanda para fumar um e filosofar como somente dois amigos chapados são capazes de fazer. Depois, pedem comida em um de seus restaurantes preferidos perto de casa e comem enquanto maratonam uma série. O ritual só termina quando ambos criam coragem para sair do sofá e escovar os dentes, comentam sobre a série que acabaram de ver e se dão boa-noite.

Josh e um grupo de amigos deram início a um clube de documentário ("um clube de leitura para preguiçosos"). Há um ano e meio, eles se encontram uma vez por mês para beber vinho, comer petiscos e assistir e comentar

sobre um documentário. A coisa começou com uma reunião no Zoom para colocar o papo em dia durante o isolamento social e logo se transformou em uma *watch party*, em que todos podiam assistir ao documentário ao mesmo tempo e bater papo num chat sem interromper a exibição.

Todo verão, Josh e vários de seus amigos LGBTQ realizam uma viagem juntos – suas "férias gays", como Josh chama. Josh adora esse ritual de viajar com os amigos. Geralmente, eles escolhem destinos importantes na história da comunidade LGBTQ, como Provincetown ou Fire Island. Durante um fim de semana ou uma semana inteira, vão à praia, bebem, dançam, festejam e "curtem a maravilha que é um final de semana livre de héteros em que podem ser quem são e celebrar com orgulho aquilo que os torna únicos e especiais". Nas palavras de Josh: "É a conquista queer do paraíso. Por aquele tempo, o mundo inteiro é nosso e de mais ninguém".

Joanna tem um ritual de escrever cartas chamado "Tudo o que faltou dizer". Ela manda para um amigo que esteja em seus pensamentos uma carta em que diz tudo o que pensa sobre ele, o que admira nele, as memórias que guarda dos dois juntos.

Joanna também salva mensagens de voz no Google Drive para ter memórias materiais das pessoas que ama, pois, segundo ela, "talvez chegue o dia em que eu não possa escutar a voz delas".

PARTE 6

SEJA UM SECRETÁRIO DE COMBATE À SOLIDÃO

Seja um agente da conexão humana

Após a publicação, em 2017, de um relatório da Jo Cox Commission on Loneliness que revelava que mais de 9 milhões de britânicos se sentiam constantemente solitários, a então primeira-ministra Theresa May nomeou uma secretária de Estado para o combate à solidão, com o intuito de lidar com o problema. Em outra pesquisa, esta do próprio governo do Reino Unido, aproximadamente 200 mil idosos responderam que não conversavam com um amigo ou parente havia mais de um mês. Ainda que outros países aproveitem a deixa, não podemos esperar que as instituições públicas resolvam a epidemia de solidão que nos assola; cada um de nós deve atuar como um secretário de combate à solidão dentro da própria comunidade. Meu amigo Ivan Cash, um premiado agente de conexão, palestrante, diretor cinematográfico e artista interativo, vive criando maneiras de estimular a conexão entre pessoas na vida real; ele escreveu o livro *Snail Mail My Email*, que fala sobre um projeto de arte colaborativo no qual voluntários "traduzem" e-mails de desconhecidos em cartas manuscritas e as enviam sem custo para

FAZER AMIGOS NA ERA DA SOLIDÃO

os destinatários. Eis alguns dos outros projetos criativos que Ivan inventou nos últimos anos, para você se inspirar:

Last Photo Project: Ivan solicitava aos pedestres de São Francisco que mostrassem a última foto na galeria de seu celular e contassem a história por trás dela. Desde então, o projeto ganhou as ruas de Los Angeles, Miami, Detroit, Nova York, Honolulu e Londres, e os vídeos já têm mais de 3 milhões de visualizações. Para Ivan, "Cada vídeo captura a essência do espírito do tempo daquela cidade e também revela singelos indícios da intimidade de seus habitantes. As trivialidades, os sucessos e as tragédias diárias documentados em nossos celulares são revelados e, com eles, nossa essência humana".

Strangers Drawing Strangers: nesse projeto, que Ivan criou em parceria com o Airbnb para o Festival Sundance de Cinema, os espectadores tinham seu retrato tirado com uma Polaroid, que então era guardado em um gaveteiro gigantesco; depois, outra pessoa escolhia uma foto no gaveteiro para desenhar com lápis colorido e canetinha. Todos os desenhos eram expostos em um mural na área de exibição – uma maneira simples de aproximar as pessoas.

Agent of Connection: nesse minidocumentário com duração de três minutos, Ivan apresenta William Cromartie, um atípico funcionário da Companhia de Metrô da baía de São Francisco em Oakland, Califórnia. William faz questão de cumprimentar ou puxar papo com cada pessoa que passa por sua cabine, ou seja, ele interage com milhares de pessoas todos os dias. "Eu falo com 4 mil pessoas diariamente no trabalho", conta William no filme. "Converso, cumprimento, convido para conhecer a cabine, desejo um bom dia, cumprimento com *high-fives* e apertos de mão, abraço aqueles com quem criei uma relação. Não fico confinado na cabine, fico do lado de fora, que é onde posso estar com as pessoas e ver o mundo em todo seu esplendor, com os mendigos, os derrotados, as pessoas alegres, as compenetradas, indivíduos de todas as classes sociais e profissões. Sinto-me grato por ser parte do mundo. Cumprimentar uma pessoa, dividir o espaço com ela, saber sobre a vida dela é a melhor coisa do mundo, eu faria isso até o fim da vida."

William nos lembra da força contida no simples ato de cumprimentar os outros. A história dele e os vários projetos de Ivan me impactam porque me mostram que não é necessária a nomeação por uma primeira-ministra para que cada um de nós se torne um Secretário de Combate à Solidão. Onde quer que você esteja – no avião, no metrô, na rua –, tente interagir com os desconhecidos, em vez de ficar com a cara metida no celular. É dever de todos nós nos tornarmos agentes da conexão humana.

Passe mais tempo com os mais velhos (e sábios)

Há algo de revigorante nas pessoas mais velhas, e isso se deve ao fato de que elas não têm a necessidade de ficar se provando. Muitos dos *millennials* que conheço (e entre os quais me incluo) são cheios de si: "Já escrevi um livro!", "Criei uma start-up!", "Sou empreendedor", "Fui eleito um Forbes Under30!", "Sou inteligente!", "Tenho seguidores!", "Sou adorado no Instagram!", "Sou importante!", "Juro que sou importante!".

Tem muita gente de 60, 70 ou 80 que é f*da pra c*ralho e não faz nenhuma questão de ficar anunciando aos quatro ventos.

Certa vez, participei de uma conferência na qual era um dos mais jovens palestrantes; lá, conversei com pessoas que tinham escrito oito livros, fundado três empresas, falido outras duas, trabalhavam para marcas gigantescas, haviam dado a volta ao mundo, pintavam, escreviam poesia, tinham criado filhos, e que, apesar desse currículo, se mostravam genuinamente interessadas no que eu tinha a dizer – e até mesmo a ensinar – a elas. Conheci muitas empresárias estabelecidas que não hesitavam em admitir que não sabiam algo e que gostariam de aprender. Assim como acadêmicos que eram os maiores especialistas em sua área, algumas das mentes mais brilhantes do mundo, e não tinham vergonha de levantar a mão durante um painel e fazer perguntas tal qual um aluno de ensino fundamental.

A maioria das pessoas das gerações Y e Z que conheço não se comportam assim.

A experiência naquele evento com indivíduos tão notáveis (muitos dos quais eram também jardineiros, poetas, pintores, cantores de ópera, fãs de teatro, botânicos, pais, avôs) foi uma lição de humildade, para dizer o mínimo. Aprendi que o verdadeiro sentido da vida não é encontrar um propósito, algo que muitos dos jovens que conheço buscam obsessivamente (malditos autores de autoajuda para *millennials* chamados Smiley!), mas nunca parar de aprender. Devemos nos cercar de pessoas de outras idades, pessoas que sabem o que não sabemos, pessoas que pensam diferente de nós, que nos provocam a enxergar o mundo de outra forma.

Tente participar de eventos em que você seja um dos mais novos presentes. Não se limite a espaços nos quais a galera maneira se junta para exaltar o quão maneira é, espaços nos quais você será celebrado por pessoas que já acham você ótimo, por algo que você já sabe que é ótimo. Busque, sim, lugares nos quais sua visão de mundo será questionada, nos quais tenha a oportunidade de aprender com indivíduos mais velhos, nos quais pessoas com uma bagagem totalmente diferente da sua se sintam à vontade para falar honestamente sobre aquelas coisas que não são simples de falar.

Faça amizades intergeracionais

Em junho de 2020, quando adentrávamos o quarto mês de pandemia, fui apresentado a Deb, tia-avó de minha companheira. Tia Deb – Deborah Berlinger Eiferman – tem 97 anos e vive na região norte da cidade de Nova York, próximo ao rio Hudson. Minha companheira me contou que Tia Deb pediu para me conhecer depois de assistir à minha apresentação no TED Talks. "Estou velha demais para me apaixonar", Tia Deb falou, "mas caí de amores pelas suas palavras." Fofa demais!

Ela seguiu dizendo que estava feliz como nunca. "Participo de três encontros no Zoom por dia", explicou. "Estou escutando música, escrevendo um livro, fazendo um curso sobre a Bíblia, outro sobre conexão respiração-corpo-mente, estou indo a concertos sem precisar me preocupar com a condução." A pandemia havia dado a Tia Deb a oportunidade de se conectar com o mundo e continuar aprendendo sem ter de sair de casa – o que não é algo simples para quem tem 97 anos. Fiquei impressionado com a positividade dela, ainda mais porque poucas semanas antes ela perdera uma cunhada para a covid. "É a terceira epidemia que atravesso", falou Tia Deb, que então contou sobre a pandemia de escarlatina, quando ela tinha 5 anos, e de poliomielite. "Sou uma titia com o coração cheio de gratidão. Penso que envelhecer é uma bênção." Quando seu marido, Irving Eiferman, com quem fora casada por mais de 64 anos, faleceu, em 2012, Tia Deb fez um pacto consigo mesma de se tornar amiga apenas de pessoas mais jovens do que ela. Existem evidências de que relações intergeracionais reduzem o preconceito de idade de parte a parte, pois oferecem percepções positivas acerca de outras gerações e contribuem para a saúde e a longevidade. Também estimulam os mais jovens a se cuidar para envelhecer bem, a aprender com os mais velhos, assim como a buscar carreiras na área de assistência social, serviços de cuidados e voluntariado.

"Um indivíduo que se relaciona com diferentes gerações é mais ativo socialmente, e esse envolvimento propicia um envelhecimento mais saudável", afirma Kasley Killam, mestre em Saúde Pública pela Harvard e especialista em saúde coletiva e combate à pandemia de solidão. "Amizades intergeracionais produzem um senso de propósito e de sinceridade independentemente da idade. São valiosas para adultos mais velhos que já não têm mais a rede social do trabalho e que se veem isolados pela primeira vez na vida, já que lhes permitem continuar interagindo e contribuindo. Por sua vez, os jovens podem aprender com as experiências e perspectivas dos mais velhos."

Já há algum tempo, ganha força o movimento das amizades intergeracionais. Pesquisas mostram que a população mais afetada pela solidão é formada por jovens de 16 a 24 anos e que, embora a solidão se atenue entre os adultos – talvez porque nos tornemos mais conscientes e seletivos acerca dos relacionamentos –, ela volta a se intensificar entre idosos a partir de 75 anos.

São muitos os programas e as organizações que trabalham para fomentar esse tipo de relacionamento. Por exemplo, o Intergenerational Learning Center, fundado em 1991 em Seattle, oferece atividades para crianças em uma instituição que serve de lar para mais de quatrocentos indivíduos mais velhos; por cinco dias na semana, as crianças e os residentes cantam, dançam, pintam, almoçam, contam histórias ou simplesmente conversam. A plataforma Nesterly tem por objetivo enfrentar o problema do custo habitacional e promover o direito a envelhecer no conforto de casa; para isso, facilita o "compartilhamento residencial intergeracional", isto é, possibilita que proprietários idosos aluguem quartos extras em troca de uma tão desejada companhia (e de alguns trocados). Para diminuir a distância intergeracional, o Cirkel relaciona indivíduos de grupos etários diversos para que troquem conselhos sobre vida e trabalho. A Encore, uma organização sem fins lucrativos, possibilita uma carreira extra a aposentados, que permutam suas competências e saberes por uma ajuda de custo. A mesma Encore criou uma campanha, chamada Gen2Gen, para mobilizar um milhão de adultos acima de 50 anos em apoio aos mais jovens; em parceria com mais de 250 organizações, a campanha deu origem a um manual de práticas para incentivar adultos mais velhos a fazerem trabalho voluntário e ofereceu bolsas para ativistas.

Durante a quarentena, a sinagoga frequentada por Tia Deb a conectou com uma jovem de 18 anos chamada Tali Safran, que acabara de se formar no ensino médio em New Jersey. Um tanto de saco cheio dos colegas de classe, Tali queria fazer algo para ajudar e pediu a uma professora que a colocasse em contato com um idoso. Tia Deb e ela passaram a se falar pelo telefone duas vezes por semana e gostaram tanto que decidiram se conhecer pessoalmente ainda na quarentena (com todos os cuidados, claro), no terraço do prédio de Tia Deb.

Tia Deb também começou a participar de um grupo de oração organizado por sua sinagoga; ela e os demais participantes, de variadas idades, se telefonavam uma vez por semana. Toda sexta-feira, um casal de vizinhos mais novos (com máscara) passava em seu apartamento para lhe dar rosas. E Tia Deb também estava trabalhando duro em seu terceiro livro, *My Lucky Stroke*, que fala sobre ser grato à vida independente dos obstáculos que ela imponha. Aos 97 anos e durante uma pandemia, Tia Deb estava vivendo a melhor fase de sua vida, e em parte graças aos relacionamentos com pessoas de outras gerações.

Pedi a Kasley que partilhasse alguns conselhos para fomentar amizades intergeracionais:

1. Filie-se. Muito provavelmente, existe perto de você alguma organização sem fins lucrativos que promove projetos comunitários para idosos e moradores da região. Dê um Google. O grosso do trabalho já está feito, cabe a você descobrir a que iniciativas pode se filiar.

2. Faça trabalho voluntário. Todo mundo deveria fazer! O trabalho voluntário propicia a formação de amizades intergeracionais e o contato com pessoas de todas as idades em torno de uma causa comum, qualquer que seja ela. É uma ótima maneira de criar conexão e se imbuir de um senso de propósito.

3. Faça contato. Ligue para seus avós! Ou para sua tia-avó (ou para a tia-avó do/a seu/sua companheiro/a)! Não enxergamos o real potencial dos pequenos gestos de conexão. Deixe um bilhetinho na caixa de correspondência do vizinho. Apareça (com máscara) na porta de um vizinho idoso. Use o Nextdoor para organizar um jantar com distanciamento social. Atue num raio pequeno: todos temos familiares, amigos e vizinhos com quem podemos estreitar laços. Não se trata de tomar atitudes grandiosas, mas de simplesmente tomar atitude.

4. Crie confiança por meio da conversa. As pessoas querem falar sobre si, querem se abrir sobre o que acontece com elas. Proporcione o espaço para isso; promova encontros com uma atmosfera de intimidade. Abra-se primeiro, para que os outros se sintam confortáveis a se abrir também. Ou então vocês sempre acabarão comentando sobre o tempo ou sobre política.

Crie um sistema de apoio para papais e mamães

Quando anunciei no Facebook que estava escrevendo um livro sobre amizade, fui recebido por dezenas de *likes*, *emojis* de coraçãozinho e comentários animados de amigos que diziam "Não posso esperar para ler, Smiley!". No entanto, o comentário que mais me marcou era muito menos entusiasmado. Uma amiga, a quem vou chamar aqui de Adele, postou que, como mãe de filhos pequenos, se sentia abalada pelo meu anúncio, pois vinha tendo muitas dificuldades para manter as amizades. Para ela, o isolamento causado pela maternidade era excruciante e as redes sociais só pioravam a situação, já que os grupos de pais e afins ofereciam uma mera ilusão de vínculo, muito distante de uma amizade real.

Se já é difícil para qualquer adulto manter as amizades, para pais de filhos pequenos é ainda mais. Nós não costumamos falar sobre o preço que a paternidade e a maternidade – especialmente esta – cobram dos amigos e familiares. A Cleveland Clinic estima que entre 50% e 75% das novas mães sofram de melancolia pós-parto e que 1 a cada 7 seja acometida de uma condição mais grave e duradoura, a depressão pós-parto.

"É tão difícil que não consigo nem colocar em palavras", Adele comentou em minha postagem. "Eu tive depressão pós-parto após ter o meu primeiro filho, e decidi me acompanhar com uma terapeuta durante a segunda gravidez. Fez uma diferença absurda. Também tenho tentado me desconectar para fazer do meu tempo com as crianças o melhor possível. Senão me distraio nas redes sociais e fico com a sensação de que estou perdendo algo que nem sei dizer o que é."

Outra amiga escreveu: "Meu filho está com cinco meses, e esse período foi muito duro para mim. Agora estou me tratando da depressão pós-parto, mas a dificuldade de passar meses sozinha em casa com um bebê não é invenção da nossa cabeça. E é maior ainda para aquelas mulheres que costumavam ser ativas e independentes e que não gostam de pedir ajuda para os outros. Embora tenha muitos amigos com filhos pequenos, me sinto isolada. Para piorar, os pais que estão tendo uma experiência positiva com seus recém-nascidos fazem questão de anunciar aos quatro ventos – as redes sociais estão repletas de postagens com *hashtags* do tipo #apaixonadapelofilhote. Isso contribui para aumentar a sensação de inaptidão e de solidão naqueles pais que não estão aproveitando tanto assim o tempo com seus bebês".

Na época, o filho mais velho de Adele tinha 3 anos e o mais novo, 4 meses. Ela trabalha como supervisora jurídica em uma das maiores organizações promotoras de justiça social de Nova York na qual, durante mais de seis anos, foi advogada prestando serviços legais para cidadãos necessitados. Adele me contou se ressentir do fato de não ter tempo para si, já que, além da dedicação cobrada por uma profissão tão importante, agora tinha um ser humano que necessitava dela integralmente. Dessa forma, não conseguia se dedicar aos amigos, principalmente àqueles que não tinham filhos. Dedicar-se ao marido também não era simples; assim, os dois decidiram transformar a noite do casal em um dia para cuidar de si, pois perceberam que era fundamental tirar um tempo para ficar a sós, se exercitar, ir à manicure, ir ao bar com um amigo. Sem isso, seria impossível resolver as questões do casamento.

A minha conversa com Adele me mostrou que a maioria de nós não faz ideia de como prestar apoio àqueles amigos que acabaram de se tornar pais e que todos poderíamos fazer mais pelos amigos que têm pequenos humanos para cuidar. Perguntei a Adele e a algumas das outras mamães do grupo do qual ela participa no Facebook o que achavam que os amigos poderiam fazer para se mostrar mais úteis aos pais de filhos pequenos, e foi mais ou menos isto o que elas disseram:

1. Se você não tem filho, não pressuponha que pais e mães de filhos pequenos só querem fazer atividades que envolvam bebês. Várias das mamães comentaram que, após o nascimento do filho, passaram a sentir falta das antigas rotinas com os amigos. A sensação de isolamento só piora para essas mulheres se os amigos param de se fazer presentes. Uma delas escreveu: "Para mim, tem sido bom ter amigos que preenchem diferentes aspectos da vida, em vez de me apegar a uma única 'melhor amiga' que seja unha e carne. Tenho amigos sem filhos que são profissionais criativos com quem troco ideias sobre o trabalho e também amigos de profissão que ajudam a me desenvolver na área (e vice-versa). As minhas grandes amigas de antigamente que não têm filhos, ou que não querem ter filhos, me ajudam a manter a minha identidade para além de mãe, e é um alívio poder falar sobre outras coisas que não seja cocô. Mas é

FAZER AMIGOS NA ERA DA SOLIDÃO

fundamental para mim também ter amigas mães para falar sobre cocô".

2. Facilite as coisas para as amigas-mamães. Mães, principalmente aquelas que trabalham fora, já estão sobrecarregadas. Evite incluir mais compromissos ou inconvenientes à agenda delas. Não poupe esforços para preparar refeições, dar carona, ofereça-se para aparecer sempre que for conveniente (e seja compreensivo se sua amiga precisar desmarcar ou remarcar), acompanhe-a nos passeios com o bebê ou na ida à farmácia: dê todo o apoio possível e não seja um fardo a mais. A minha amiga Sarah Peck, fundadora e diretora da Startup Pregnant e *coach* de mães empreendedoras, me disse o seguinte: "Uma das atitudes mais generosas que os meus amigos que não têm filhos tiveram foi se fazerem constantemente úteis, fosse trazendo comida, nos levando para passeios durante o dia ou planejando atividades em que as crianças pudessem participar. Sean, que tinha 27 anos quando o meu primeiro filho nasceu, ia até nossa casa nos fins de semana para cozinhar toneladas de chili para congelar. Às vezes, é simplesmente impossível expressar a dificuldade que é cuidar dos filhos; é como correr uma maratona todo santo dia ao mesmo tempo que precisa resolver as questões do trabalho, sem nunca poder tomar um banho decente. Faz bem ter amigos que são capazes de compreender essa dificuldade".

3. Adote uma postura flexível ao fazer planos e se comunicar. Sarah diz que é importante fazer bom uso dos canais de comunicação. "Tenho amigos que quase não vejo mais pessoalmente, mas com quem sempre troco mensagens", ela diz. "Mando fotos e conto as novidades, pergunto como eles estão. Há amigos para quem ligo quando estou fazendo spin ou treinando, e também alguns amigos com quem falo pelo Voxer. Esses diferentes meios de me manter antenada à vida deles são uma dádiva, ainda que a gente não consiga se organizar para se encontrar pessoalmente."

4. Crie um sistema de apoio. Adele me disse que, entre as pessoas da geração pós-guerra, a mentalidade em torno da paternidade/maternidade era algo como: "Para de frescura, é na marra que se aprende!". Muitos pais e mães *millennials* não conseguem estabelecer um diálogo com os próprios pais porque estes dizem: "Ué, a gente deu um jeito, e na nossa época não tinha vídeo-tutorial para trocar fralda nem salário-maternidade. Você vai dar um jeito também". Uma atitude muito mais benéfica é criar uma rede de apoio para aqueles amigos que têm filhos pequenos. Talvez você possa se revezar com outras pessoas no preparo de refeições para aquela amiga que acabou de dar à luz, se dispor a cuidar do bebê tanto quanto possível, ou ajudar as mamães a encontrar ferramentas para lidar com a realidade pós-parto, como livros, *podcasts* ou grupos específicos.

Crie espaços seguros e solidários

Em 2015, a minha amiga LC Johnson, que é escritora, palestrante e empresária, se mudou para Columbus, Ohio, com o marido. Ela, que não conhecia ninguém na cidade além dos familiares dele, logo sentiu uma grande necessidade de se aproximar de outras mulheres negras como ela. LC notava que havia muitas mulheres brancas em sua vida, as quais encontrava no trabalho, em cafeterias ou em eventos empresariais, porém não conhecia mulheres negras com muita frequência.

Certa noite, LC sonhou com um lugar onde Lauryn Hill se divertia ao fundo enquanto outras mulheres negras trabalhavam num clima de amizade e decidiu transformar esse espaço em realidade. Alguns meses depois, após criar uma campanha de *crowdfunding* no Indiegogo para obter capital e contratar os primeiros funcionários, ela inaugurou a Zora's House, um espaço de trabalho, lazer e convívio para mulheres não brancas.

"Eu realmente imaginava um espaço de *coworking* voltado para mulheres negras e não brancas", lembra LC. "Mas imediatamente ficou claro que o termo *coworking* não era adequado, pois ele evoca um estereótipo branco, masculino, *tech*. Para resumir, a experiência das pessoas com *coworking* não era das melhores. No início, pensávamos que o nosso negócio era a locação de espaços com o adendo comunitário, mas nos demos conta de que o nosso produto era na verdade a comunidade com o adendo do espaço. A intenção era congregar as pessoas."

O nome foi inspirado em Zora Neale Hurston, uma das autoras negras mais prolíficas do Renascimento Negro, movimento cultural nascido no Harlem nos anos 1920. LC sempre adorou as personagens criadas por Zora – que fumavam, falavam palavrão e se divorciavam – em livros cuja mensagem de fundo era: "Você é forte do jeito que você é". Embora Zora tenha sido uma escritora aclamada, nunca recebeu mais do que 943,75 dólares de royalties; ela acabou morrendo sem um tostão e foi enterrada numa cova não identificada na Flórida, em 1960. Em 1973, a autora Alice Walker descobriu sua sepultura e a homenageou com uma lápide; o artigo de Walker, intitulado "In Search of Zora Neale Hurston", publicado na revista *Ms.*, deu nova vida aos escritos de Zara.

LC admira profundamente o fato de Alice Walker, sozinha, ter devolvido o trabalho de Zora Neale Hurston a seu devido lugar – "Uma mulher negra vindo à luz graças a outra mulher negra" –, fato esse que ilustra perfeitamente o objetivo da Zora's House, que hoje, anos após a inauguração, se tornou uma organização sem fins lucrativos que conta com 75 funcionárias com carteira assinada e mais de 400 membras e tem servido de local de aprendizado para a comunidade de Columbus sobre questões de raça, política, economia, arte e cultura relacionadas às identidades e vivências de mulheres negras e não brancas. Graças ao trabalho dos funcionários, a Zora's House não fecha as portas para ninguém que não tenha condições de pagar por seus serviços, e suas membras devem compartilhar valores antirracistas, antimachistas, antitransfóbicos e anti-homofóbicos.

O empreendimento se empenha em materializar a Teoria do Brilho, criada por Aminatou Sow e Ann Friedman, melhores amigas e apresentadoras do *podcast Call Your Girlfriend*, a qual "se baseia no investimento mútuo entre mulheres [...], em ajudar outra mulher a se tornar sua melhor versão, em troca de seu apoio também".

Como LC, eu acredito que criar espaços seguros e solidários nos quais as pessoas se congreguem, aprendam e se emancipem é um ato revolucionário, ainda mais quando se trata de grupos historicamente marginalizados ou sub-representados em posições de poder e gerência. Ainda assim, o trabalho de LC é alvo de críticas; alguns indivíduos brancos questionam o fato de o espaço não ser aberto a todos e já chegaram a acusá-la de "racismo reverso". Essas pessoas não entendem por que tais espaços são necessários. Para elas, LC faz uma simples pergunta – "Quando foi a última vez que você se viu como a única pessoa branca num recinto?" – e lembra do episódio em que a polícia foi chamada para lidar com três homens negros que não estavam fazendo outra coisa senão passar tempo numa Starbucks. Ela explica a importância da identificação e do reconhecimento, especialmente para quem não está acostumado a se ver representado em espaços públicos. A Zora's House faz questão de que as mulheres negras se vejam em cada aspecto do espaço: todas as obras de arte nas paredes são de autoria de mulheres negras ou não brancas, assim como os livros nas prateleiras e os produtos à venda. Os eventos que compõem a programação têm por objetivo unir, emancipar e elevar mulheres não brancas e abrangem desde cursos profissionais (por exemplo, sobre como criar um site em um dia, ministrado por uma mulher não branca) até cursos de doula para mulheres não brancas, passando por uma feira organizada por mulheres não brancas para apresentar o trabalho de artesãs não brancas da comunidade, ou pela exibição do documentário da Netflix *Homecoming*, da Beyoncé, seguida de uma conversa com uma professora da Ohio State University sobre a participação de mulheres negras na indústria musical.

A programação centrada nas questões das mulheres não brancas permite ao grupo tratar dos tópicos mais prementes para elas. O curso de doula, por exemplo, falou especificamente sobre o caso das mulheres negras, entre as quais os índices de mortalidade infantil e materna são maiores do que entre outras mulheres (uma mulher negra tem de 3 a 4 vezes mais chances de morrer em decorrência de problemas relacionados à gravidez do que uma mulher branca) e que, além disso, são as maiores vítimas da desigualdade do sistema de saúde estadunidense. Nas palavras de LC: "De vez em quando, a gente vai ser preta em dobro mesmo, quer gostem ou não".

Ao girarem em torno das experiências de mulheres negras e não brancas, espaços como a Zora's House proporcionam trocas muito ricas e também uma sensação de segurança psicológica que não são possíveis em locais abertos a todos. Pessoas brancas podem participar dos eventos, mas como convidadas, e assim sentir o que é não ocupar o espaço principal. A Zora's House já recebeu pessoas que viajaram da Califórnia, no outro extremo do país, apenas para conhecê-la, e LC conta que mulheres de Detroit, Chicago e Atlanta entraram em contato com ela para falar sobre abrir lugares semelhantes em suas cidades, o que mostra a vasta necessidade de tais espaços.

Quando veio a pandemia, a Zora's House adaptou a maior parte de sua programação ao formato virtual e investiu 20 mil dólares em tecnologia para tornar sua plataforma on-line mais robusta. Aos domingos de manhã, passou a fazer sessões virtuais de ioga com instrutoras não brancas para alunas não brancas. Após o assassinato de George Floyd e Breonna Taylor por policiais, com a insurreição em todo o país de protestos contra o racismo estrutural e à brutalidade policial contra negros, a Zora's House organizou rodas de cura. LC me disse que os encontros virtuais foram tão intensos quanto qualquer evento presencial, o que a fez pensar que, mais do que um espaço físico, a Zora's House é uma comunidade livre de muros.

LC, que, além de gerenciar o espaço, é mãe de duas crianças e tem um emprego em tempo integral, certa vez foi lembrada por um conselheiro de que o agrupamento de pessoas negras sempre foi um ato revolucionário nos Estados Unidos e, assim, há algo de subversivo, potente, belo e essencial em criar e manter espaços desse tipo em nosso mundo.

Seja ponte

Uma pesquisa mostrou que 7% dos eleitores norte-americanos perderam ou terminaram uma amizade por causa das eleições presidenciais de 2016 e que muitas pessoas decidiram não ser amigas daquelas do outro lado do espectro político. A polarização política atingiu tal patamar que, de acordo com o Pew Research Center, 80% dos estadunidenses afirmam ter poucos ou nenhum amigo com um posicionamento político oposto. Em 2019, o meu amigo Scott Keoni Shigeoka, redator e membro do UC Berkeley's Greater Good Science Center, onde atua em iniciativas de conciliação, de construção de pontes entre grupos antagônicos, embarcou em uma jornada para conhecer pessoas com diferentes crenças e visões de mundo. Ele viajou para o interior de Appalachia, participou de comícios pró-Trump no Centro-Oeste norte-americano e visitou igrejas evangélicas e agora está escrevendo um livro sobre a importância de tirar melhor proveito de uma ferramenta subestimada, a nossa curiosidade, com o objetivo de sanar a cisão social.

O trabalho de Scott se norteia pelo princípio de que dentro de grupos existem individualidades. Na adolescência,

FAZER AMIGOS NA ERA DA SOLIDÃO

ele se recusava a ser amigo de qualquer pessoa religiosa; a sua noção de religião se confundia com a de cristianismo, e Scott achava que, sendo homossexual, não era compreendido nem aceito pela religião cristã. Com o tempo, aprendeu que há outras religiões e que nem todos os cristãos são iguais; descobriu igrejas no país que tinham clérigos gays, assim como fiéis que defendiam os direitos LGBTQ. Assim, parou de ver os cristãos e demais religiosos como um grupo monolítico e passou a se perguntar como poderia fazer amizade com eles.

Nos comícios pró-Trump em Minnesota, Scott compreendeu que os indivíduos assumem diferentes versões de si mesmos. Fora dos atos, teve diálogos perfeitamente respeitosos com os apoiadores de Trump, muitos dos quais se mostravam acolhedores e amigáveis quando ele dizia ser gay e progressista e admiravam sua iniciativa de ver em primeira mão os comícios. Scott conheceu pessoas inteligentes, pessoas com mestrado, as quais tinham conteúdo, e sentiu que poderia até mesmo ser amigo de algumas delas.

No entanto, uma vez dentro do comício, quando Donald Trump começava a discursar, as coisas mudavam de figura. O comportamento de manada se apossava dos presentes conforme Trump apontava para um "outro" que englobava Scott e diversos indivíduos fora dali, e a intenção de estabelecer alguma relação com aquelas pessoas se dissipou. Scott e seu colega Jason Marsh escrevem que há uma diferença entre *concordar* e *compreender*, e a conciliação não tem por objetivo convencer o outro de uma visão de mundo nem de gerar consenso. "A essência da construção de pontes está, sim, na tentativa de entender a perspectiva alheia. Você não concorda, mas também não despreza: vai mais a fundo para compreender de onde vêm aquelas visões, o que muitas vezes demanda fazer perguntas e suspender os juízos de valor."

Kyla Sokoll-Ward, apresentadora do *podcast Conversations That Don't Suck*, acredita que os diálogos mais enriquecedores são aqueles em que os interlocutores aprendem algo sobre o outro e sobre si. Nessas conversas, os indivíduos põem em prática o que Stephen R. Covey, autor de *Os 7 hábitos das pessoas altamente eficazes*, chamou de escuta empática: o ato de escutar com o intuito de entender, e não apenas de reagir. Quando os interlocutores são capazes de transformar juízos em curiosidade e a tentar se enxergar um no outro, aí se forma a ponte que Scott tenta criar.

Isso me faz lembrar a história de Derek Black, que, sendo filho de um grão-feiticeiro da Ku Klux Klan, estava no caminho para se tornar o próximo líder do movimento supremacista até que começou a questionar as próprias visões de mundo. Derek havia sido educado em casa, porém, na faculdade, entrou em contato com pessoas com pensamentos diferentes, incluindo alunos judeus que o convidavam para os jantares de sabá. Aos poucos, o rapaz se transformou e, em 2013, com 22 anos, escreveu um artigo para declarar sua renúncia ao nacionalismo branco. É importante destacar que a mudança de Derek não ocorreu da noite para o dia, mas se deu ao longo de muitos sabás, graças ao empenho de outros estudantes que se propuseram a conversar com ele.

A construção de pontes é demorada, é confusa e é complexa. Scott lançou mão de práticas intrapessoais para desenvolver mecanismos de cooperação e estratégias para lidar com seus relacionamentos de maneira mais transparente e empática. Ainda assim, ele admite que não acerta sempre e que a construção de pontes requer tanto autoindulgência quanto compaixão para com o esforço do outro.

FAZER AMIGOS NA ERA DA SOLIDÃO

O trabalho de Scott prova que uma amizade verdadeira carrega riscos: em uma amizade verdadeira, é essencial estar aberto à visão e à opinião de um outro. "O risco maior é que eu e você sejamos transformados por outras pessoas", diz.

Forme uma coletividade exponencial

Eu chamo de coletividades exponenciais aqueles grupos que moldaram a minha existência, aqueles que exercem grande influência sobre o potencial de seus membros. Sugiro que você faça parte de alguns grupos desse tipo. Em *How We Gather*, seminal relatório sobre o futuro da formação de coletividades, Angie Thurston e Casper ter Kuile, pesquisadores de inovações espirituais na Faculdade de Teologia da Harvard, defendem que uma nova forma de coletividade – que proporcione transformação pessoal e social – se tornou a nova religião da geração Y. "Os *millennials* estão interessados em uma combinação de espiritualidade e coletividade e sentem que, para fazer sentido, a vida precisa disso", concluem os pesquisadores. Uma coletividade exponencial é um grupo que oferece apoio, que mantém você no caminho de seus sonhos pessoais e profissionais e que o responsabiliza e o cobra por seus objetivos – os demais membros olham para suas metas e dizem: "Acho que você é capaz de fazer ainda mais". Aprendi sobre responsabilização e prestação de contas no StartingBloc Institute for Social Innovation, um curto programa de liderança voltado para jovens que

FAZER AMIGOS NA ERA DA SOLIDÃO

desejam transformar a sociedade. Em eventos de *networking*, quando você comenta com alguém que vai fazer tal coisa, normalmente ouve como resposta "Uau, parabéns, bom pra você!", e então a pessoa logo se afasta para pegar outra cerveja; isso não acontece no StartingBloc, que já formou mais de 3 mil membros pelo mundo.

Depois que comentei com Evan, um companheiro de StartingBloc, que pretendia pedir demissão e procurar um trabalho que fizesse mais sentido para mim, ele passou a me telefonar toda semana para perguntar se eu já tinha conversado com o meu chefe. Esse dever de prestar contas foi o que me fez pedir demissão para seguir um caminho em conformidade com os meus propósitos, até finalmente encontrar um trabalho que me permitisse inspirar outras pessoas a concretizarem seu potencial – pessoas que decidiram começar suas próprias empresas ou que foram trabalhar em instituições inovadoras e cujo trabalho hoje faz diferença na vida de milhares de indivíduos que eu jamais conhecerei, e tudo isso graças a uma coletividade solidária que me responsabilizou pelos meus próprios sonhos.

Coletividades exponenciais não se furtam ao papel de promover discussões delicadas tendo em vista a construção de uma sociedade mais justa e igualitária. Os membros do StartingBloc costumam se colocar contra a parede com perguntas como: "De que maneira essa iniciativa vai ajudar pessoas negras e outros grupos menos privilegiados?". Eles tomam por lema as palavras de Brené Brown: "Aquele que prefere o conforto à coragem de promover os debates da vida real nas vilas, nas cidades, nas sinagogas e nas áreas onde tais debates são necessários; aquele que, sendo um líder social ou religioso, prefere o conforto à missão de unir as pessoas tem os seus dias de relevância contados".

Um dos grandes privilégios que o StartingBloc oferece a seus membros é a possibilidade de participar de um grupo muito diverso. Os participantes proveem de 55 países e das mais variadas circunstâncias raciais, étnicas e religiosas. Aproximadamente 65% deles são negros. É importante ter amigos com perspectivas e vivências diferentes das suas. Não é possível não associar o racismo e a xenofobia nos Estados Unidos ao fato de que três quartos dos brancos norte-americanos não têm um único amigo não branco. A carência de amizades inter-raciais dificulta o desmantelamento da supremacia branca. É imperativo que todos nós, mas especialmente os brancos, nos empenhemos em garantir que os espaços de que fazemos parte sejam abertos e inclusivos, para que sejam também exponenciais.

Se já fez parte de algum grupo exponencial, você conhece aquele encanto difícil de descrever, a íntima sensação de ser parte de uma família, de estar no lugar certo, de estar em casa. Em seus estudos sobre grupos religiosos no começo do século XX, Émile Durkheim denominou "efervescência coletiva" a sensação de unicidade, de sincronia entre o indivíduo e a multidão. Foi assim que me senti quando, em 2012, anunciei a minha intenção de pedir demissão para 98 membros do StartingBloc que eu não conhecia até então e fui recebido com uma ovação em pé, a qual me conduziu à jornada que hoje, oito anos depois, me leva a escrever este livro.

Se eu tivesse de escolher uma única palavra para descrever essa sensação mágica, seria *alegria*. Coletividades exponenciais são feitas de alegria e existem para fazer do mundo um lugar mais alegre para os outros. As pessoas que você conhece em eventos de *networking* falam de feitos profissionais; as pessoas que conhece no bar falam de Instagram; já os grupos exponenciais falam em acreditar na beleza dos sonhos.

Viva em comunidade

Em 2019, fui morar em uma casa compartilhada com doze pessoas em Oakland, Califórnia, e minha vida mudou para melhor. Assim que abro os olhos pela manhã, a primeira coisa que tenho vontade de fazer não é mais abrir as redes sociais, e sim conversar com dois ou três amigos na vida real. Passo menos tempo absorto na internet e mais tempo cozinhando com meus companheiros de casa.

O que mais gosto nesse formato de moradia é o fato de que os momentos entre uma atividade solitária e outra são preenchidos por trocas profundas. Uma moradia comunitária é – ou deveria ser – uma moradia consagrada ao amadurecimento e ao bem-estar de seus moradores, e para mim a Estância (como chamamos nossa casa) é assim. Nós nos importamos uns com os outros, cuidamos uns dos outros. É claro que eu me importava com os amigos com quem dividi apartamento no passado, mas, quando você vive com doze pessoas, esse cuidado se torna mais forte e consciente, menos robótico ("Como foi seu dia?"), mais intenso ("Como foi a conversa com seu chefe para pedir um aumento de salário?").

Morar em comunidade é como cobrir com um cobertor quentinho partes do corpo que você nem tinha se dado conta de que estavam congeladas. Quando chego na cozinha de manhã, sempre tem alguém preparando o café, e passamos minutos conversando sobre um encontro na noite anterior. Aliás, nem preciso ir até a cozinha; no mesmo andar em que eu fico vivem quatro grandes amigos, e a gente conversa na escada mesmo sobre os *dates*.

Quando estou fazendo café da manhã, se tem outra pessoa fazendo café da manhã, a coisa logo se transforma num brunch improvisado com panquecas, ovos mexidos e bacon. Uma vez, num jantar com todos os moradores, com a mediação de um deles, compartilhamos histórias pessoais da infância, o que nos aproximou ainda mais.

Teve um sábado em que eu estava fazendo uma boquinha com um amigo antes de sair e então chegou um amigo de um dos moradores e depois um amigo de outro morador, e a conversa foi da desigualdade no ramo das palestras até o trabalho em campos de refugiados, passando pelo uso da realidade virtual com a finalidade de proporcionar experiências psicodélicas.

Na Estância, sempre surge uma galera do nada na cozinha para pegar alguma coisa, mas são sempre pessoas educadas e interessantes, e os papos que tenho com elas costumam me deixar reflexivo, cheio de pensamentos.

Durante a pandemia, com as visitas proibidas na casa (o risco de contágio já era alto entre nós doze), tivemos muitas conversas que invadiram a madrugada sobre o que poderíamos fazer para nos manter seguros. Concordamos com protocolos rígidos de limpeza da cozinha e das áreas comuns, além de regras como deixar os calçados na entrada, sempre usar máscaras fora de casa e realizar testes com frequência. Cada um tinha que obter aprovação dos demais para se

FAZER AMIGOS NA ERA DA SOLIDÃO

encontrar com alguém fora da nossa bolha e também quarentenar por duas semanas (ou testar negativo para covid) antes de voltar. Houve um episódio em que um dos moradores descobriu (por uma foto no Instagram) que outro morador não tinha avisado de uma viagem que fizera com dois amigos, e rolou uma reunião tensa entre todos da casa para discutir se nosso colega realmente entendia que viver em comunidade significa se preocupar com a saúde dos demais, e não somente com a sua própria.

Nem preciso dizer que morar em uma casa compartilhada durante uma pandemia não foi nada fácil; muitas conversas difíceis se fizeram necessárias, assim como foi preciso estabelecer uma comunicação transparente. Por outro lado, nos divertimos mais do que a maioria das pessoas na quarentena, sem dúvida. Doze pessoas é gente mais do que suficiente para um brunch no sábado, uma festinha, uma noite de jogos de tabuleiro, um sarau, uma sessão de ginástica, uma tarde de jardinagem no quintal ou um curso rápido de pão e conservas, todas atividades que fizemos juntos. Chegamos a organizar no pátio o "TEDx Euclid" (nome da avenida em que fica a casa), uma conferência sem distanciamento social (apenas para os moradores e a mãe de um de nós) em que cada um fez uma apresentação de cinco minutos sobre uma paixão. Meus amigos falaram sobre observação de aves, Mumia Abu-Jamal, fermentação natural, micélio, filosofia, tipografia; eu falei um pouco sobre a importância das amizades e, para encerrar com chave de ouro, coloquei "Hang with Me" para tocar e todos dançamos.

Em tempos normais, quase nunca ficamos em casa ao mesmo tempo, já que estamos sempre trabalhando ou viajando; durante a pandemia, no entanto, todos trabalhamos da Estância. A cada noite, uma pessoa diferente preparava o jantar. Enquanto a maioria das pessoas estava cansada do isolamento ou entediada de passar tempo só com o companheiro ou um colega de apartamento, nós fazíamos um jantar coletivo todos os dias. Parecia até uma atividade subversiva, já que éramos mais de dez nos aglomerando, mais do que o permitido, porém éramos todos da mesma "família". Foi muito bom estar rodeado de amigos e poder ter o contato social que tanto fez falta às pessoas durante a pandemia.

Não espero que você vá morar com doze amigos (mas procure saber sobre casas compartilhadas, se estiver interessado), porém recomendo fortemente que considere viver com – ou perto de – pessoas que ama. Não é porque a maioria dos adultos mora sozinha ou com um companheiro que você precisa fazer o mesmo. Há cada vez mais gente se dando conta das vantagens das coabitações e das residências multifamiliares, em especial na era digital. Não seria incrível somar recursos com seus melhores amigos e compartilhar um quintal, um jardim, uma horta, a compra do mês, equipamentos de ginástica, ferramentas, brinquedos, o cuidado dos filhos, jantares – tudo isso sem deixar de ter seu próprio banheiro, sua própria quitinete, seu próprio espaço familiar?!

Ou então você pode fazer como quatro casais que eram melhores amigos da vida inteira e queriam encontrar uma maneira de viver mais próximos. Eles juntaram suas economias e decidiram construir uma espécie de colônia de férias formada por quatro minicasas ecologicamente corretas e sustentáveis, que custaram apenas 40 mil dólares cada. Os quatro casais se hospedam lá sempre que possível, para dar um tempo da agitação da cidade, se curtir e se reconectar com a natureza. Eles planejam viver na propriedade quando se aposentarem.

Abra-se para a luz

O Chanuca, a festa judaica conhecida como Festa das Luzes, sempre foi o meu feriado preferido, e não por causa das oito noites de presentes – embora ganhar pequenos "ha-has", como diz minha mãe, não seja nada ruim –, mas sim da comida. Sou louco por *latkes*. Lembro que, quando criança, eu pensava: "Peraí, esses bolinhos fritos de batata existem com o único intuito de serem comidos com purê de maçã?! Não pode ser! Eu amo ser judeu!". Todo ano, eu e meus amigos Ilana e Andrew damos um festão de Chanuca: visto o avental, fatio cebola por uma hora, ralo dez quilos de batata e frito *latkes* para cem pessoas. É o meu dia favorito.

Em dezembro de 2016, passei os oito dias do Chanuca com Levi e seus familiares em Pismo, Califórnia. Ele estava se aproximando do fim de sua longa batalha contra o câncer no cérebro; tinha perdido os movimentos no lado direito do corpo e precisava ser ajudado por duas pessoas para ir ao banheiro. Apesar da debilidade, Levi continuava fazendo piadas enquanto saltitava até o toalete. Quando Seth, seu irmão, soltava um peido, ele dizia quase inaudivelmente: "Pelo som, esse promete...". Se eu perguntava se estava me ouvindo, Levi respondia: "O que você falou, Smiley?". Indagado por sua namorada, Brooke, sobre o que estava pensando, ele disse: "A Terra". Um dia, fomos comer tacos, e Levi colocou um pouco de sua cerveja no molho para ver se teríamos coragem de comer.

De presente de Chanuca, dei a ele um álbum com fotos dos tempos de faculdade, do Burning Man e do Camp Grounded; conforme folheava o álbum, sua expressão às vezes se mostrava impassível, o que me fez temer por um instante que não estivesse reconhecendo os amigos, porém ele logo soluçava uma risadinha.

Eu e Bluma, sua mãe, preparamos *latkes*, que Levi comeu de dúzia, mergulhando cada um em *sour cream* ou purê de maçã. Depois da janta, ele fazia caretas para mim até me convencer a dar mais um pedaço de *cheesecake* da Oreo.

Não parou de zoar com a nossa cara até o fim.

No dia seguinte, me despedi de Levi pela última vez. Estou bastante certo de que ele respondeu "Também te amo" quando falei que o amava para sempre, mas talvez tenha sido "Vai logo, cara, preciso apagar para ter energia para a quarta temporada de *Game of Thrones* amanhã"; não sei, não ficou muito claro.

Lembro que, naquela semana, fiz videochamadas com grupos de amigos que estavam passando o feriado juntos, muitos dos quais tinham se conhecido graças ao Camp Grounded e ao trabalho de Levi. Levi não participou das videochamadas (não estava em em Oakland, São Francisco, Los Angeles ou Nova York), porém se fez presente de alguma forma, já que os encontros não teriam sido possíveis sem ele. Sempre que ouço algum dos mantras do acampamento – "Você é incrível!", "Se está me escutando, bata duas palmas!", "Apenas cale a boca e seja grato", "Vai tomar no meio do c*, eu-crítico!", "Seja vulnerousado!" ou "Novo amigo! Novo amigo!" –, penso em Levi, pois, se não fosse por ele, essas frases não formariam nossa consciência coletiva.

Ele faleceu duas semanas depois, e o Chanuca que passei em Pismo ficará para sempre em minha memória. Por mais tristes que aqueles dias tenham sido, o tempo como que parou durante eles, e cada instante passado na companhia de Levi foi uma bênção. A prolongação daqueles dias foi uma graça tal como a prolongação do óleo dos macabeus, muitas gerações atrás.

Entre as famílias judias, há o costume de fazer uma cerimônia após um ano da morte de um ente querido para homenageá-lo com uma lápide. Na cerimônia dedicada a Levi, Seth leu uma mensagem de um dos médicos que cuidara do irmão, na qual se dizia inspirado pela positividade com que Levi havia enfrentado a doença e o tratamento; ele não abandonara o otimismo nem mesmo quando seu cabelo começou a cair, e até pintou de azul as unhas dos demais pacientes de quimioterapia.

Depositamos pequenos objetos em volta da lápide: cristais, conchas, pedras, broches, mãozinhas de borracha e a embalagem de uma barra de cereais sabor chocolate meio amargo com menta. Brooke levou esmalte de unha azul com *glitter*, e todos pintamos as unhas como Levi tinha feito com os outros pacientes de câncer. Ela contou que ele sempre dizia que é impossível ficar bravo com alguém que tem as unhas pintadas de azul, assim como não dá para ficar de mau humor se as próprias unhas estão pintadas de azul. Em torno do túmulo, nós choramos antes de cairmos na gargalhada com a conclusão de que Levi ordenaria mover a lápide cinco centímetros para a esquerda, sob a sombra de uma árvore próxima.

Após a cerimônia, nós comemos pizza, contamos histórias e ouvimos uma música da banda punk de Levi no ensino médio. Cantamos juntos "The Weight", da The Band, e "Mykonos", dos Fleet Foxes; Seth ainda cantou "It Wasn't Me", do Shaggy. Depois, nos recolhemos na sala para ver o pôr do sol matizado de azul, laranja e roxo. Ouvi mesmo a voz travessa de Levi sussurrando em meu ouvido: "Magia pura, cara, magia puuuuuura!".

Foi Levi quem me ensinou que esses momentos – momentos em que o tempo cessa, em que você esquece de olhar o celular, esquece até mesmo que existe um celular – representam o oposto da solidão. São eles que, apesar das trevas que recaem sobre o mundo, fazem a vida valer a pena. Assim era a luz de Levi: capaz de desacelerar o tempo, de prolongar tais momentos, de preenchê-los de afetuosidade, de sinceridade, de alegria e de beleza.

Posfácio

Cabe a você escolher o tipo de amigo que deseja ser

Era outubro de 2015, e o último Camp Grounded da temporada tinha acabado de terminar. Fazia um calor infernal em Austin, no Texas – 43 graus. Nós estávamos exaustos.

Eu estava deitado no gramado sob a sombra, ao lado de Levi, que, com a caixa de correspondência de papelão nas mãos, me mostrava todos os bilhetes de agradecimento que os participantes tinham escrito durante o fim de semana. Havia uns 75 bilhetes na caixa. Um deles, de alguém que dizia ter pensado em se matar três semanas antes do acampamento, mas que, graças a ele, decidira seguir vivendo. Outro era de um homem gay que dizia que pela primeira vez na vida adulta se sentira à vontade entre homens heterossexuais. Uma participante afirmava que aquela experiência tinha sido a mais intensa de sua vida e a fizera decidir largar o emprego que odiava para fazer algo de que realmente gostasse. Como esses, havia inúmeros outros bilhetes, que Levi leu um a um. Foi a última edição do acampamento de que ele participou – o câncer foi diagnosticado poucos meses depois –, e nunca esquecerei dessa cena.

Gostaria de finalizar este livro com um texto que Levi escreveu em seu aniversário de 32 anos, seis meses antes de morrer. Ele postou no mural do Facebook, e não tenho dúvidas de que neste momento, onde quer que esteja, Levi está comendo sushi, ouvindo "The Weight" e me xingando muito por citar uma mensagem do Facebook em um livro sobre conexão na vida real. A ironia, meu pai. Foi mal, irmão; vou te mandar mais sushi.

estou vivo, estou lutando, estou vencendo!!

Neste dia, 32 anos atrás, eu nasci, e nunca em minha vida me senti TÃO VIVO. Estaria mentindo se dissesse que os últimos cinco meses foram tranquilos. No entanto, graças ao apoio e ao amor de todos vocês, estou lutando e seguindo em frente, sempre com um sorriso na cara. Com frequência até esqueço que tenho câncer – adoro quando isso acontece. (Aí está, a palavra que não deve ser mencionada.) Falando sério, sempre que começo a ficar meio deprê, alguém vem e me anima, me faz cair na risada, me oferece o corpo para eu espremer num abraço – ou, se eu sou muito teimoso, me pega pelo braço, me leva pra praia, e a gente brinca que as bolachas-da-praia são nossos olhos. É incrível ter amigos tão bons e fazer parte de uma família unida e de uma comunidade que transmite tanto amor! Eu não sei o que faria sem cada um de vocês!!...
Tem tanta coisa que eu quero dividir, tanta...
Mais do que tudo, porém, quero que cada um de vocês feche os olhos e respire fundo. Como fazia quando era criança, sabe? Pense nas pessoas que são, que foram, que têm sido seus amigos mais próximos. Abra os olhos e ligue para esse familiar, esse amigo do passado, essa pessoa com quem perdeu contato, esse irmão para quem

faz tempo que deseja telefonar. É o meu presente para retribuir o amor de vocês. Somos todos um presente uns para os outros. A cada dia, a cada respiração, aproveite cada instante: o instante é tudo o que temos, e isso é maravilhoso!

Feliz aniversário para todos nós!

Com amor,

Levi, também conhecido como Fidget

#VamosSuperarEssa

Acima de tudo, Levi me ensinou que ninguém precisa viver a vida conforme o mundo determina.

Você pode criar o mundo que deseja.

Você pode questionar o que é ser adulto.

Você pode fazer novos amigos em qualquer lugar, a qualquer tempo.

Você pode abraçar mais e mais demoradamente.

Você pode fazer do seu ritual matinal um ritual de gratidão, em vez de conferir o Instagram.

Você pode ser uma Diva da Correspondência.

Você pode ser um Xerife do Bem-Estar.

Você pode ser menos enrolão.

Você pode colocar um cartão escondido na mochila do seu amigo quando ele estiver indo embora.

Você pode fazer jantares pelo Zoom com seus amigos que moram longe – e não só na pandemia.

Você pode escutar um CD inteiro do Radiohead ao lado de alguém que ama.

Você pode ser um homem que não tem vergonha de demonstrar afeto e sensibilidade perante outros homens.

Você pode tocar na casa de um vizinho mais velho e perguntar se ele quer conversar.

FAZER AMIGOS NA ERA DA SOLIDÃO

Você pode celebrar o simples e ao mesmo tempo revolucionário ato de liberar dopamina passando mais tempo com os amigos.

Você pode ser um Secretário de Combate à Solidão em sua comunidade.

Você pode fazer da conexão humana a verdadeira moeda de troca da vida.

Lembre-se: cabe a você escolher o tipo de amigo que deseja ser.

Faça da conexão humana a verdadeira moeda de troca da vida.

Espalhe o amor

Amizade é um troço contagioso. Se você achou este livro útil, compartilhe-o com os amigos para espalhar a palavra do amor e ajudá-los a criar vínculos mais fortes. Há muitas maneiras de fazer isso:

1. Dê o livro de presente para um amigo ou desconhecido que faria bom uso dele.
2. Escreva uma avaliação na Amazon ou no Goodreads.
3. Poste uma *selfie* com um exemplar do livro no Instagram com a #FriendshipOverLoneliness.
4. Receba (em sua casa ou virtualmente) os amigos para um jantar cujo tema seja a amizade. No *link* abaixo, há algumas Questões para Discutir (Discussion Questions, em inglês).
5. Acrescente o seu ritual preferido na Coleção de Rituais de Amizade (Friendship Ritual Library, em inglês).
6. Veja o meu Manual de Recursos para saber sobre livros, *podcasts*, comunidades e experiências que ajudam a conhecer pessoas com visões parecidas, fazer novos amigos e construir coletividades (Resources Guide, em inglês).

Discussion Questions, Friendship Ritual Library e Resources Guide: smileyposwolsky.com/friendship.

Agradecimentos

Em primeiro lugar, quero expressar minha gratidão e meu carinho pela comunidade do Camp Grounded: este livro só existe graças a vocês. Obrigado por me ensinarem o que é amizade na era digital. O livro também não teria se tornado realidade sem os amigos que dividiram suas histórias e seus rituais de amizade. Sou grato a todos que se dispuseram a conversar comigo e àqueles meus colegas que criam conexões humanas diariamente: Alanna Mednick, Alexis Scott, Amber Rae, Andrew Horn, Ankit Shah, Ashanti Branch, Bailey Robinson, Brady Gill, Brent Schulkin, Chelsea Coleman, dra. Emily Anhalt, Evan Kleiman, Christine Lai, Casper ter Kuile, Catherine Woodiwiss, Dev Aujla, Gayle Abrams, Hayli Rutledge, Hunter Franks, Ilana Lipsett, Ivan Cash, Jeanine Cerendolo, Jenny Sauer-Klein, Jillian Richardson, Joanna Miller, Josh Kelley, Kasley Killam, Kat Vellos, Kyla Sokoll-Ward, Lauren Weinstein, LC Johnson, Liz Travis Allen, Logan Ury, dra. Marisa G. Franco, Michael Liskin, Molly Sonsteng, Ned Buskirk, Paloma Herman, Raman Frey, Sahar

Massachi, Sara Weinberg, Scott Shigeoka, Shasta Nelson, Ted e Franziska Gonder e Vika Viktoria. Sou do time que joga para unir as pessoas. Obrigado a todos que se empenham para promover a amizade e o vínculo em plena era da solidão. Um agradecimento especial àqueles que inspiraram as palavras deste livro mesmo estando longe: Priya Parker, Johann Hari, Sherry Turkle, Tristan Harris e o Center for Humane Technology, Max Stossel, Cal Newport, Brené Brown, Krista Tippett, Maria Popova, Rebecca Solnit, Jia Tolentino, Ann Friedman, Aminatou Sow, Lydia Denworth, Jenny Odell, Dan Schawbel, Radha Agrawal, Vivek Murthy, Stacey Abrams e AOC.

À minha maravilhosa agente literária, Lindsay Edgecombe, e à equipe da Levine Greenberg Rostan: obrigado por acreditarem neste projeto desde o nascimento e por sempre estarem dispostos a brigar por mim. Danielle Svetcov e Rebecca Rodd: obrigado pela orientação na fase final. Dominic Yarabe: obrigado pelos apontamentos e pela ajuda inicial com a proposta do livro.

Obrigado ao meu talentoso editor, Jess Riordan, por aperfeiçoar o manuscrito e por ser o meu paladino na Running Press. À equipe da Running Press/Hachette: obrigado por dar vida a este projeto. Agradeço especialmente a: Joanna Price, Amanda Richmond, Kristin Kiser, Jessica Schmidt, Alina O'Donnell, Kara Thornton e Amy Cianfrone. Agradeço a Samantha Russo pelo lindo design de capa, a Adam Greenberg pela revisão inicial e pelas considerações sobre a proposta, e a Asya Azar por me fotografar.

Obrigado a todos que apoiaram o meu trabalho nos últimos anos, especialmente: SpeakInc (Rich Gibbons, Jeff Bigelow, Tim Mathy, Lisa Coleman, Nicole DeMers, Erin Lapeyre); Washington Speakers Bureau (Allyson Musci, Kevin Jeske); BigSpeak (Barrett Cordero, Kyle Munger); Rhonda Payne,

Karen Bernstein e todo mundo na ASAE; CAMPUSPEAK (David Stollman e Luke Davis); Hung Pham e Culture Summit; The Culture Conference; Duleesha Kulasooriya e Deloitte; Robin Meyerhoff, Richard Green e SAP; Ashley Wilson e MailChimp; Cheryl Fraenzl, Tanja Roos e Esalen Institute; Markus von der Lühe e Year of the X; Jeremy Duhon, Jason Dilg e TEDxMileHigh; Stacy Horne e The Battery; Sarah Shewey e EXP; Josh Linkner, Matt Ciccone e 3 Ring Circus; Colette Crespin, Iris Yee e Burning Man; Forest Bronzan e Digital Detox.

Obrigado à comunidade do StartingBloc por ter me moldado como ser humano, à Hive por ter me apresentado a tanta gente bacana e à Wesleyan University por ter me proporcionado conhecer os meus melhores amigos.

Aos membros e defensores da Women/Womxn, BIPOC, and Inclusivity Speaker Initiative: obrigado pelo empenho para fomentar a representatividade e a equidade no ramo das palestras e em muitos outros ramos.

Aos participantes do curso para autores: obrigado por manterem minha empolgação para escrever durante a pandemia. Estou com saudades das nossas baladinhas pelo Zoom!

Aos meus amigos da Estância: obrigado pela amizade em tempos de solidão, Zev Felix, Ilana Lipsett, Jay Standish, Evan Steiner, Anna Akullian, Melissa Wong, Simone Stolzoff, Navvab Tabjvar, Willie Jackson, Nathan Meyers, Dasha Gorlova, Martha Tesfalul, Brent Schulkin, Lindy Rauchenstein, April Harper, Kendall Warson, Neha Sharma, Tom e Ellie Llewellyn.

Obrigado aos meus maravilhosos amigos que me dão tanta alegria e nunca me deixam esquecer o que realmente importa, em especial: Andreas Mendez-Peñate, Manuela Igel, Jesse Brenner, Gabe Prager, Kevin Haas, Margie Albarran, Zeb Zankel, Sarah Jesse, Phil Amidon, Bettina Schlegel, Daniel Kahn, Phil Sima, Zev Felix, Seth Felix, Brooke Dean, Ian

FAZER AMIGOS NA ERA DA SOLIDÃO

Evans, Ilana Lipsett, Brady Gill, Sile Bao, Jenny Feinberg, Satya Kamdar, Kelly McFarling, Andrew Brennan, Andy Saxon, Dar Vanderbeck, Alex McPhillips, Brian Thomas, Conor Gleason, Jacob Hudson, Evan Walden, Christine Lai, Katrina Gordon, Emily Anhalt, Eve Peters, Jana Hirsch, Paloma Herman, Cassidy Blackwell, Morgan Davis, Natanya Biskar, Liz Beedy, EJ Winter, Ashley Hodge, Emma Sherwood-Forbes, Emily Dreyfuss, Seth Shipman, Emily Pfeiffer, Rachel Pecker, Elizabeth Langston, Noah Issacs, David Rood-Ojalvo, Diego Ortiz, Sara Covey, Grace Lesser, Andrew Casden, Booth Haley, Iris Yee, Ryan Goldberg, Scott Goldberg, Ashley Rose Hogrebe, Kelsey Freeman, Hana Nobel, Kelly Rogala, Jesse Rogala, Emma Toll, Katie Roche, Evan Kleiman, Adam Ward, Taylor Mee-Lee, Ben Madden, Joe Madden, Lyndsey Madden, Andrew Buresh, Karen Joe, Jordan Spiers, Kasey Luber, João Montenegro, Jonah Spear, Kiki Lipsett, Megan Lipsett, Alanna Mednick, Evan Gelfand, Terra Judge, Jay Standish, Justin Oliver, Jolene Anello, Allie Stark, Ben Hanna, Mandy Hixson, Nick Baker, Liz Allen, Sophie Speer, Josiah Johnson, Forest Stearns, Torie Beedle, Adam Rosendahl, Ivan Cash, Carla Fernandez, Ben Provan, Sarah Cabell, Mike Zuckerman, Josh Gelfand, Mordechai Weiner, Matthew Wetschler, Cam Adair, Nate Bagley, Ben Tseitlin, Amber Rae, Farhad Attaie, Andrew Horn, Vika Viktoria, Craig Forman, Jenny Sauer-Klein, Lauren Burke, Julia Winston, Antonio Neves, Cosmo Fujiyama, Cesar Gonzalez, Matt Fitzgerald, Shira Abramowitz, Monica Kang, Sarah Waxman, Sarah Seegal, Alana Corbett, Palomi Sheth, Logan Ury, Samantha Stein, Bernadette Cay, Brian Weinberg, David Spinks, Minda Harts, Sarah Peck, Meredith Hubbel, Tristan Harris, Max Stossel, Jessica Semaan, Janet Frishberg, Claire Williams, Jayson Carpenter, Sumeet Banerji, Caroline Kessler, Bernat Fortet, Duleesha Kulasooriya, Adam Elmaghraby, Melissa Whippo, Paula Tranchida, Tigre

Peyrú, Kwesi Roberts, Kyla O'Neill, Gayle Abrams, Meredith Pierce, Ann Garcia, Abraham Weiner, Nate Kauffman, Catherine Woodiwiss, Brian Segal, Kevin Fanfoni, Minh Nguyen, Lisa Lee, Matt Lock, Saya Iwasaki, Alex Dang, Annie Svigals e Chris Chapman.

A Bluma e Edward Felix, Zev Felix, Seth Felix e Brooke Dean: obrigado por serem luz, obrigado por tudo.

A Ali: obrigado por todo o apoio e carinho. Nossa casa, nossas regras. Te quiero. A Fred Pflaum, Linda Demers e Marjorie Pflaum: obrigado por me receberem durante a pandemia, foi o melhor lugar possível para escrever este livro. A Freda e aos Wagner: obrigado pelo interminável apoio.

Mais importante, obrigado à minha família. Mãe, Pai, Becca, Gemma, Luka, Remy e Tia Michelle: amo vocês mais do que tudo. Obrigado a todos que me mantêm no trilho da minha jornada. Vocês sabem quem são. Amo e sou eternamente grato a vocês.

Referências

Alguns trechos deste livro foram adaptados de "The Man Who Gave Us All the Things", um obituário em homenagem a Levi Felix que escrevi no *Medium* e também de versões preliminares que publiquei no *Medium* e nas redes sociais.

PREFÁCIO: O PODER DA AMIZADE DURANTE UMA PANDEMIA

BOWLES, Nellie. In Lockdown, a Neighborhood Opens Up. *New York Times*, 30 maio 2020. Disponível em: https://www.nytimes.com/2020/05/30/technology/bernal-heights.html.

ESCALANTE, Alison. We Are not Lonely during Social Distancing after all. *Psychology Today*, 6 jul. 2020. Disponível em: https://www.psychologytoday.com/us/blog/shouldstorm/202007/we-are-not-lonely-during-socialdistancing-after-all.

SUTTON, Ryan. How NYC Restaurant Workers Are Getting Help so Far. *Eater New York*, 19 mar. 2020. Disponível em: https://ny.eater.com/2020/3/13/21179235/labor-sick-leave-coronavirus-testing-nyc-restaurants.

TOLENTINO, Jia. What Mutual Aid Can Do during a Pandemic. *The New Yorker*, 11 maio 2020. Disponível em: https://www.newyorker.com/magazine/2020/05/18/what-mutual-aidcan-do-during-a-pandemic.

TURKLE, Sherry. A Healthier Digital Lifestyle. In: Coronavirus Will Change the World Permanently. Here's How. *Politico Magazine*, 19 mar. 2020. Disponível em: https://www.politico.com/news/magazine/2020/03/19/coronavirus-effect-economy-life-society-analysis-covid-135579.

WEINSCHNEIDER, Ely. "Being Forced into Isolation Has Made it Abundantly Clear how much We Mean to other, and how much We Need each other". With Kat Vellos. *Thrive Global*, 29 mar. 2020. Disponível em: https://thriveglobal.com/stories/being-forced-into-isolation-has-made-it-abundantly-clear-how-much-we-mean-to-each-other-and-how-much-we-need-each-other-with-kat-vellos/.

INTRODUÇÃO: O REVOLUCIONÁRIO GESTO DE CONECTAR-SE EM PLENA ERA DIGITAL

ANDERSON, Jenny. The Only Metric of Success that Really Matters Is the One We Ignore. *Quartz*, 12 mar. 2019. Disponível em: https://qz.com/1570179/how-to-make-friends-build-a-community-and-createthe-life-you-want.

ANDERSON, Monica; JIANG, Jingjing. Teens, Social Media and Technology 2018. *Pew Research Center*, 31 maio 2018. Disponível em: https://www.pewresearch.org/internet/2018/05/31/teens-social-media-technology-2018.

BRITS Now Check their Mobile Phones every 12 Minutes. *Huffpost UK*, 8 fev. 2018. Disponível em: https://www.huffingtonpost.co.uk/entry/brits-now-check-theirmobile-phones-every-12-minutes_uk_5b62bf60e4b0b15aba9fe3cb.

BRODY, Jane. The Surprising Effects of Loneliness on Health. *New York Times*, 11 dez. 2017. Disponível em: https://www.nytimes.com/2017/12/11/well/mind/how-loneliness-affects-our-health.html.

CIGNA. Loneliness and the Workplace: 2020 U.S. Report. *Cigna*, 23 jan. 2020. Disponível em: https://www.cigna.com/static/www-cigna-com/docs/about-us/newsroom/studies-and-reports/combatting-loneliness/cigna-2020-loneliness-factsheet.pdf.

CURTIN, Sally C.; HERON, Melonie. Death Rates Due to Suicide and Homicide among Persons Aged 10–24: United States, 2000-2017. *CDC: National Center for Health Statistics Data Brief*, n. 352, out. 2019. Disponível em: https://www.cdc.gov/nchs/data/databriefs/db352-h.pdf.

HAMMOND, Claudia. Who Feels Lonely? The Results of the World's Largest Loneliness Study. *BBC Radio 4*, 1º out. 2018. Disponível em: https://www.bbc.co.uk/programmes/articles/2yzhfv4DvqVp5nZyxBD8G23/who-feels-lonely-the-results-of-the-world-slargest-loneliness-study.

HARI, Johann. Everything You think You Know about Addiction Is Wrong. *TEDGlobalLondon*, jun. 2015. Disponível em: https://www.ted.com/talks/johann_hari_everything_you_think_you_know_about_addiction_is_wrong?language=en.

HOLT-LUNSTAD, Julianne; SMITH, Timothy B. Loneliness and Social Isolation as Risk Factors for CVD: Implications for Evidence-Based Patient Care and Scientific Inquiry. *Heart*, v. 102, n. 13, jul. 2016. Disponível em: https://heart.bmj.com/content/heartjnl/102/13/987.full.pdf.

LIFEBOAT FOUND. *The State of Friendship in America 2013: A Crisis of Confidence*, 21 maio 2013. Disponível em: https://static1.squarespace.com/static/5560cec6e4b0cc18bc63ed3c/t/55625cabe4b0077f89b718ec/1432509611410/lifeboat-report.pdf.

NAFTULIN, Julia. Here's How many Times We Touch our Phones every Day. *Business Insider*, 13 jul. 2016. Disponível em: https://www.businessinsider.com/dscout-research-people-touchcell-phones-2617-times-a-day-2016-7#.

RENKEN, Elena. Survival of the Friendliest: How our Close Friendships Help Us Thrive. *NPR*, 22 fev. 2020. Disponível em: https://www.npr.org/sections/healthshots/2020/02/22/807742275/survival-of-the-friendliest-how-ourclose-friendships-help-us-thrive.

RENNER, Ben. Survey: Average American Hasn't Made a New Friend: In 5 Years! *Study Finds*, 19 out. 2019. Disponível em: https://www.studyfinds.org/survey-averageamerican-hasnt-made-new-friend-in-5-years.

SEHL, Katie. 20 Important TikTok Stats Marketers Need to Know in 2020. *Hootsuite Blog*, 7 maio 2020. Disponível em: https://blog.hootsuite.com/tiktok-stats.

SMITH, Aaron; ANDERSON, Monica. Social Media Use in 2018. *Pew Research Center*, 1º mar. 2018. Disponível em: https://www.pewresearch.org/internet/2018/03/01/social-media-use-in-2018.

STEWART, James B. Facebook Has 50 Minutes of your Time each Day. It Wants More. *New York Times*, 5 maio 2016. Disponível em: https://

www.nytimes.com/2016/05/06/business/facebookbends-the-rules-of-audience-engagement-to-its-advantage.html.

TWENGE, Jean M. Have Smartphones Destroyed a Generation? *The Atlantic*, set. 2017. Disponível em: https://www.theatlantic.com/magazine/archi ve/2017/09/has-the-smartphone-destroyed-a-generation/534198.

TWO Thirds of UK Adults Have "Nobody to Talk to" about Problems. BBC *News*, 1º fev. 2018. Disponível em: https://www.bbc.com/news/health-42903914.

WALDINGER, Robert. What Makes a Good Life? Lessons from the Longest Study on Happiness. *TEDxBeaconStreet*, nov. 2015. Disponível em: https://www.ted.com/talks/robert_waldinger_what_makes_a_good_life_lessons_from_the_longest_study_on_happiness?language=en.

PARTE 1: SEJA MAIS LÚDICO

ASMA, Stephen T. This Friendship Has Been Digitized. *New York Times*, 23 mar. 2019. Disponível em: https://www.nytimes.com/2019/03/23/opinion/this-friendship-hasbeen-digitized.html.

AUJLA, Dev. Relationships Move Fast on a Slow Cargo Ship. *New York Times*, 3 abr. 2020. Disponível em: https://www.nytimes.com/2020/04/03/style/modern-love-coronavirus-isolation-cargo-ship.html.

CATRON, Mandy Len. To Fall in Love with Anyone, Do this. *New York Times*, 9 jan. 2015. Disponível em: https://www.nytimes.com/2015/01/11/style/modern-love-to-fallin-love-with-anyone-do-this.html.

CENTER FOR HUMANE TECHNOLOGY'S LEDGER OF HARMS. Disponível em: https://ledger.humanetech.com.

DIGITAL DETOX. Disponível em: http://digitaldetox.org.

HARRIS, Tristan. How a Handful of Tech Companies Control Billions of Minds Every Day. *TED2017*, abr. 2017. Disponível em: https://www.ted.com/talks/tristan_harris_how_a_handful_of_tech_companies_control_billions_of_minds_every_day. Saiba mais sobre o imprescindível trabalho que Tristan vem desenvolvendo no Center for Humane Technology, disponível em: humanetech.com.

HARVARD MEDICAL SCHOOL. In Brief: Hugs Heartfelt in More Ways than One. *Harvard Health Publishing*, mar. 2014. Disponível em: https://www.

health.harvard.edu/newsletter_article/In_brief_Hugs_heartfelt_in_more_ways_than_one.

HORN, Andrew. Radha Agrawal: How to Build Community for Personal Happiness and Professional Impact. *What's the Big Idea*, 29 jul. 2019. Disponível em: https://www.itsandrewhorn.com/blog/radhaagrawal.

JONES, Daniel. The 36 Questions that Lead to Love. *New York Times*, 9 jan. 2015. Disponível em: https://www.nytimes.com/2015/01/09/style/no-37-big-wedding-or-small.html.

POSWOLSKY, Smiley. The Unexpected Cure for Millennial Burnout. *TEDx-WesleyanU*, 23 ago. 2019. Disponível em: https://www.youtube.com/watch?v=4b29Gd-Eb00.

REA, Shilo. Hugs Help Protect against Stress and Infection, Say Carnegie Mellon Researchers. *Carnegie Mellon University*, 17 dez. 2014. Disponível em: https://www.cmu.edu/news/stories/archives/2014/december/december17_hugsprotect.html.

REINER, Andrew. The Power of Touch, Especially for Men. *New York Times*, 5 dez. 2017. Disponível em: https://www.nytimes.com/2017/12/05/well/family/gender-men-touch.html.

STAFF, Motley Fool. Priya Parker on Gathering: Don't Be Chill': You're Creating a Temporary World. *Rule Breaker Investing*, 17 ago. 2018. Disponível em: https://www.fool.com/investing/2018/08/17/priya-parker-ongathering-dont-be-chill-youre-crea.aspx.

THE 10 Principles of Burning Man. *Burning Man*. Disponível em: https://burningman.org/culture/philosophical-center/10-principles.

PARTE 2: SEJA UM AMIGO MELHOR

ANHALT, Emily. Emotional Fitness Tip for Couples & Cofounders, Do a Weekly Relationship Retro. *Twitter*, @dremilyanhalt, 1º ago. 2020.

_____. Hit the Emotional Gym: The Founder's Framework for Emotional Fitness. *First Round Review*, 2020. Disponível em: https://firstround.com/review/hit-the-emotional-gym-the-foundersframework-for-emotional-fitness.

BILYEU, Tom. Stop Looking at your Phone: It's Killing You, Dan Schawbel on Impact Theory. *YouTube*, 26 mar. 2019. Disponível em: https://www.youtube.com/watch?v=hi7FOwnbYro.

FAZER AMIGOS NA ERA DA SOLIDÃO

BROWN, Brené. *Braving the Wilderness*: The Quest for True Belonging and the Courage to Stand Alone. Nova York: Random House, 2017.

FOWERS, Alyssa; WAN, William. A Third of Americans Now Show Signs of Anxiety of Depression, Census Bureau Finds Amid Coronavirus Pandemic. *Washington Post*, 26 maio 2020. Disponível em: https://www.washingtonpost.com/health/2020/05/26/americans-with-depression-anxiety-pandemic/?arc404=true.

NELSON, Shasta. *The Business of Friendship*: Making the Most of our Relationships Where We Spend Most of our Time. Nova York: HarperCollins Leadership, 2020.

PENDELL, Ryan. Millennials Are Burning Out. *Gallup*, 19 jul. 2018. Disponível em: https://www.gallup.com/workplace/237377/millennials-burning.aspx.

POPOVA, Maria. Anam Cara and the Essence of True Friendship: Poet and Philosopher John O'Donohue on the Beautiful Ancient Celtic Notion of Soul-Friend. *Brain Pickings*, 12 ago. 2015. Disponível em: https://www.brainpickings.org/2015/08/12/anam-cara-john-o-donohue-soul-friend.

RATH, Tom; HARTER, Jim. Your Friends and your Social Well-Being. *Gallup*, 19 ago. 2020. Disponível em: https://news.gallup.com/businessjournal/127043/friends-social-wellbeing.aspx.

ROGER, Fred. Three Things in Human Life Are Important. The First Is to Be Kind... *Quote Investigator*, 21 set. 2018. Disponível em: https://quoteinvestigator.com/2018/09/21/kind.

STRACHAN, Maxwell. The Best Argument for Saving Public Media Was Made by Mr. Rogers in 1969. *Huffington Post*, 16 mar. 2017. Disponível em: https://www.huffpost.com/entry/mr-rogers-pbs-budget-cuts_n_58ca8d6fe4b0be71dcf1d440.

PARTE 3: INVISTA NA AMIZADE

ADAMS, Paul. *Grouped*: How Small Groups of Friends Are the Key to Influence on the Social Web. Berkeley: New Riders, 2012.

BALDONADO, Danny. Ned Buskirk: Live in Death's Face. *Vimeo*, 22 ago. 2012. Disponível em: https://vimeo.com/48010791.

BROWN, Brené. SuperSoul Sessions: The Anatomy of Trust. *Brené Brown*. Disponível em: https://brenebrown.com/videos/anatomy-trust-video.

DUNBAR, Robin. *Grooming, Gossip, and the Evolution of Language*. Cambridge: Harvard University Press, 1998.

GRANT, Adam. *Give and Take*: A Revolutionary approach to Success. Nova York: Penguin Books, 2013.

GUPTA, Shalene. Study: 100% of Women of Color in STEM Experience Bias. *Fortune*, 26 jan. 2015. Disponível em: https://fortune.com/2015/01/26/study-100of-women-of-color-in-stem-experience-bias.

HELLMAN, Rick. How to Make Friends? Study Reveals Time It Takes. *The University of Kansas News*, 28 mar. 2018. Disponível em: https://news.ku.edu/2018/03/06/study-reveals-number-hours-it-takes-make-friend.

HOUSTON, Pam. The Truest Eye. *The Oprah Magazine*, nov. 2003. Disponível em: http://www.oprah.com/omagazine/toni-morrison-talks-love/2.

NELSON, Shasta. *Frientimacy*: How to Deepen Friendships for Lifelong Health and Happiness. Berkeley: Seal Press, 2016.

NORTH, Anna. You've Heard that Women 80 Cents to the Men's Dollar. It's much Worse than that. *Vox*, 2 abr. 2019. Disponível em: https://www.vox.com/policy-and-politics/2018/11/28/18116388/equal-pay-day-2019-gender-gap-equity.

OPRAH WINFREY NETWORK. Lynne Twist: "What You Appreciate Appreciates", SuperSoul Sunday, OWN. *YouTube*, 18 abr. 2017. Disponível em: https://www.youtube.com/watch?v=22Z7nlnnKNE.

POPOVA, Maria. David Whyte on the True Meaning of Friendship, Love, and Heartbreak. *Brain Pickings*, 29 abr. 2015. Disponível em: https://www.brainpickings.org/2015/04/29/david-whyte-consolations-words.

SUMMIT, Gathering. Reimagining Spirituality: Casper ter Kuile, Coauthor of *How We Gather*. *YouTube*, 23 fev. 2020. Disponível em: https://www.youtube.com/watch?v=6yqbPcRw5gs&t=1s.

SWISHER, Kara. Aminatou Sow: Friendships Matter, Especially Right Now. *Recode Decode*, 24 jun. 2020. Disponível em: https://thisten.co/wm4oo/nQ8RgvIwaaYjQoshFl4iEntcttIVqPjpTn2mBngl.

TURKLE, Sherry. *Reclaiming Conversation*: The Power of Talk in the Digital Age. Nova York: Penguin Press, 2015.

FAZER AMIGOS NA ERA DA SOLIDÃO

VAINSHTEIN, Annie. "You're Going to Die": Art and Performance Put Focus on Death at Live Shows. *SF Gate*, 22 abr. 2017. Disponível em: https://www.sfgate.com/entertainment/article/You-re-Going-to-Die-Art-and-performance-11950993.php. YOUNG, Ed. Women Are Invited to Give Fewer Talks than Men at Top U.S. Universities. *The Atlantic*, 18 dez. 2017. Disponível em: https://www.theatlantic.com/science/archive/2017/12/women-are-invited-to-givefewer-talks-than-men-at-top-us-universities/548657.

PARTE 4: MANTENHA CONTATO

ALLEN, Liz Travis. Liz Travis Allen: Getting in and out of Quarantine. *KQED*, 5 maio 2020. Disponível em: https://www.kqed.org/perspectives/2016 01139844/liz-travis-allen-getting-in-and-out-of-quarantine.

BRADY, William J.; WILLS, Julian A.; JOST, John T.; TUCKER, Joshua A.; VAN BAVEL, Jay J. Emotion Shapes the Diffusion of Moralized Content in Social Networks. *PNAS*, 11 jul. 2017. Disponível em: https://www.pnas.org/content/114/28/7313.

CONNECTION CLUB. Disponível em: weshouldgettogether.com.

CRITICAL Posts Get More Likes, Comments, and Shares than other Posts. *Pew Research Center*, 21 fev. 2017. Disponível em: https://www.pewresearch.org/politics/2017/02/23/partisan-conflict-and-congressional-out reach/pdl-0223-17_antipathy-new-00-02.

D'AVELLA, Matt. The Loneliness Epidemic. *YouTube*, 23 abr. 2019. Disponível em: https://www.youtube.com/watch?v=m3aIQuMWJCA.

HAIDT, Jonathan; ROSE-STOCKWELL, Tobias. The Dark Psychology of Social Networks. *The Atlantic*, dez. 2019. Disponível em: https://www.the atlantic.com/magazine/archive/2019/12/social-media-democracy/600763.

JONES, Cleve. *When We Rise*: My Life in the Movement. Nova York: Hachette Books, 2016.

KILLAM, Kasley. The Growing Social Wellness Landscape. *Medium*, 27 jul. 2020. Disponível em: https://medium.com/@KasleyKillam/the-growing-social-wellness-landscape-ea8f8fd11895.

RIGHT NUMBER. Disponível em: lucybellwood.com.

SAUER-KLEIN, Jenny. 3 Keys to Creating Connection at Virtual Events. *Splash*, 11 jun. 2020. Disponível em: https://splashthat.com/blog/virtual-event-connection.

PARTE 5: RITUALIZE

CHOWDHURY, Madhuleena Roy. The Neuroscience of Gratitude and How it Affects Anxiety and Grief. *Positive Psychology*, 5 dez. 2020. Disponível em: https://positivepsychology.com/neuroscience-of-gratitude.

EVER FORWARD CLUB. Disponível em: everforwardclub.org.

FREEMAN, Hadley. "Love and Free Food": Mel Brooks and Carl Reiner Share the Secrets of their 70-Year Friendship. *The Guardian*, 20 fev. 2020. Disponível em: https://www.theguardian.com/global/2020/feb/20/love-andfree-food-mel-brooks-and-carl-reiner-share-the-secrets-of-their-70year-friendship.

GORDON-LEVITT, Joseph. How Craving Attention Makes You Less Creative. *TED2019*, abr. 2019. Disponível em: https://www.ted.com/talks/joseph_gordon_levitt_how_craving_attention_makes_you_less_creative.

HAMLETT, Melanie. Men Have no Friends and Women Bear the Burden. *Harper's Bazaar*, 2 maio 2019. Disponível em: https://www.harpersbazaar.com/culture/features/a27259689/toxic-masculinity-male-friendships-emotional-labor-men-rely-on-women.

HAWKE, Ethan. Give yourself Permission to Be Creative. *TED2020*, jun. 2020. Disponível em: https://www.ted.com/talks/ethan_hawke_give_your self_permission_to_be_creative?language=en.

METZ, Nina. How Teen Comedies Like "Superbad" Normalize Sexual Assault. *Chicago Tribune*, 3 out. 2018. Disponível em: https://www.chicagotribune.com/entertainment/tv/ct-mov-comedy-portrayal-sexual-assault-tv-film1005-story.html.

SHAH, Ankit. Being Alone. *Ankit Shah*, fev. 2020. Disponível em: https://www.ankit.fyi/being-alone.

VELLOS, Kat. *Connected from Afar*: A Guide for Staying Close When You're far Away. 2020. *E-book*.

FAZER AMIGOS NA ERA DA SOLIDÃO

PARTE 6: SEJA UM SECRETÁRIO
DE COMBATE À SOLIDÃO

AGENT of Connection. Direção de Ivan Cash. *Vimeo*, 2017. Disponível em: https://vimeo.com/238328937.

BUKSZPAN, Daniel. Tough Election Leaves Countless Tattered Online Friend ships in its Wake. *CNBC*, 12 nov. 2016. Disponível em: https://www.cnbc. com/2016/11/11/tough-election-leaves-countless-tatteredonline-friendships-in-its-wake.html.

CASH, Ivan. Disponível em: ivan.cash.

COVEY, Stephen R. Using Empathic Listening to Collaborate. *Fast Company*, 26 dez. 2011. Disponível em: https://www.fastcompany.com/1727872/ using-empathic-listening-collaborate.

DEPRESSION after the Birth of a Child or Pregnancy Loss. *Cleveland Clinic*. Disponível em: https://my.clevelandclinic.org/health/diseases/9312-depression-after-the-birth-of-a-child-or-pregnancy-loss.

ENCORE'S GEN2GEN. Disponível em: https://generationtogeneration.org.

FELIX, Levi. *Facebook*, 29 jul. 2016. Disponível em: https://www.facebook. com/levifelix/posts/10104773226827007.

GROSS, Terry. How a Rising Star of White Nationalism Broke Free from the Movement. *NPR*, 24 set. 2018. Disponível em: https://www.npr.org/ 2018/09/24/651052970/how-a-risingstar-of-white-nationalism-broke-free-from-the-movement.

HURSTON, Zora. About Zora Neale Hurston. *Zora Neale Hurston*. Disponível em: https://www.zoranealehurston.com/about.

INGRAHAM, Christopher. Three Quarters of Whites Don't Have any NonWhite Friends. *Washington Post*, 25 ago. 2014. Disponível em: https://www. washingtonpost.com/news/wonk/wp/2014/08/25/three-quarters-ofwhites-dont-have-any-non-white-friends/.

INTERGENERATIONAL LEARNING CENTER. Disponível em: https://washington. providence.org/services-directory/services/i/intergenerational-learning-center.

MCLAUGHLIN, Kelly. Welcome to "Bestie Row"! Friends Build an Entire Community of Tiny Houses Next to each other so They Can Live as Neighbors. *Daily Mail*, 11 maio 2015. Disponível em: https://www.

dailymail.co.uk/news/article-3077686/Llano-Exit-Strategy-brings-eight-friendsrow-tiny-houses-neighbors.html.

ORTIZ-OSPINA, Esteban. Is There a Loneliness Epidemic? *Our World in Data*, 11 dez. 2019. Disponível em: https://ourworldindata.org/loneliness-epidemic.

SHIGEOKA, Scott; MARSH, Jason. Eight Keys to Bridging our Differences. *Greater Good Magazine*, 22 jul. 2020. Disponível em: https://greatergood.berkeley.edu/article/item/eight_keys_to_bridging_our_differences.

SMITH, Tovia. "Dude, I'm Done": When Politics Tears Families and Friendships Apart. *NPR*, 27 out. 2020. Disponível em: https://www.npr.org/2020/10/27/928209548/dude-i-m-done-whenpolitics-tears-families-and-friendships-apart.

SOW, Aminatou; FRIEDMAN, Ann. Who Created Shine Theory? *Shine Theory*. Disponível em: https://www.shinetheory.com/who-created-shine-theory.

THURSTON, Angie; KUILE, Casper ter. How We Gather. *Sacred Design Lab*, abr. 2015. Disponível em: https://sacred.design/wp-content/uploads/2019/10/How_We_Gather_Digital_4.11.17.pdf.

TIPPET, Krista. Brené Brown: Strong Back, Soft Front, Wild Heart. *On Being with Krista Tippet*, 8 fev. 2018. Disponível em: https://onbeing.org/programs/brene-brown-strong-back-soft-front-wild-heart.

VILLAROSA, Linda. Why America's Black Mothers and Babies Are in a Life-or-Death Crisis. *New York Times*, 11 abr. 2018. Disponível em: https://www.nytimes.com/2018/04/11/magazine/black-mothers-babies-death-maternal-mortality.html.

YEGINSU, Ceylan. U. K. Appoints a Minister for Loneliness. *New York Times*, 17 jan. 2018. Disponível em: https://www.nytimes.com/2018/01/17/world/europe/uk-britain-loneliness.html.

Sobre o autor

Adam Smiley Poswolsky é especialista em ambiente de trabalho da geração Y, palestrante motivacional e autor de *The Quarter-Life Breakthrough* e *The Breakthrough Speaker*. Smiley ajuda empresas a atrair, manter e capacitar a próxima geração e, por meio de suas palestras em instituições como Google, Apple, Facebook, Unilever, Deloitte e Stanford University Graduate School of Business, já inspirou milhares de profissionais a se tornarem mais motivados e envolvidos no trabalho. Sua apresentação no TEDx sobre a "crise de um quarto de idade" já foi vista mais de 1,5 milhão de vezes, e ele já palestrou para 50 mil pessoas em 20 países.

Smiley já aconselhou chefes de Estado e líderes internacionais em questões relacionadas à geração Y, à participação multigeracional, à promoção da conexão e ao pertencimento na era digital.

Seu trabalho já foi noticiado na *New Yorker*, no *New York Times*, no *Washington Post*, na *Fast Company*, na CNN e no Fórum Econômico Mundial, entre muitos outros veículos e espaços. Ele foi monitor em treze edições do acampamento Camp Grounded e compõe o conselho da Digital Detox.

Em 2017, fundou a Women/Womxn, BIPOC and Inclusivity Speaker Initiative, comunidade que tem por objetivo aumentar o número de palestrantes mulheres, negros e de outros grupos sub-representados em conferências e empresas, assim como garantir que recebam cachês competitivos em comparação a seus pares. O grupo já conta com mais de 4 mil membros.

Smiley é um orgulhoso ex-aluno da Wesleyan University e pode ser encontrado dançando na região da baía de São Francisco.

Este livro foi publicado em setembro de 2021 pela Editora Nacional.
Impressão e acabamento pela Gráfica Exklusiva.